これだけは知っておきたい、
今さら人に聞けない

Q&A 登記手続と登記簿等の見方

登記と金融実務研究会 代表
山本芳治 著

発行：アズミ
発売：ビジネス教育出版社

はじめに

皆さんは、銀行取引や会社間の取引、不動産などの売買契約締結などに際して、不動産や会社の登記簿（登記事項証明書）を目にしたことは少なくないと思います。このように、登記は、私たちの日常生活のさまざまな局面で必要となるものですが、登記のことは司法書士などの専門家にまかせておけばよいと考え、その手続や登記事項証明書の読み方などをきちんと理解している人は、意外に少ないのが実情です。

わが国の登記制度には、①不動産の現況と権利関係を登記簿に記録して公示する不動産登記制度、②会社・法人について、その存在を明確にするために一定事項を登記簿に記録して公示する商業・法人登記制度、③法人の行う債権譲渡に簡便な対抗要件を具備する債権譲渡登記制度、④法人がする動産の譲渡について、登記によって公示する動産譲渡登記制度、⑤民法の後見・保佐・補助などについて公示する成年後見登記制度があります。

本書は、これらの登記についてとりあげるだけではなく、今話題となっている、「相続登記」などについても解説しています。

また、拙著『公図・不動産登記簿の読み方・調べ方』は、平成６年の初版刊行から24年、本年３月10日には増補改訂版３刷を発行しました。また、幻冬舎GOLD ON LINEでも、インターネット上でその一部「今日から使える公図・不動産登記簿の調べ方・読み方」（全11回）を連載しています。このほか、筆者が執筆した通信講座（ビジネス教育出版社）『登記簿の見方・調べ方コース』（不動産登記簿編・商業登記簿編）も21年間続いています。

そこで、これらの著作物をもとに、仕事や私生活でひんぱんに接する事項をとりあげ、一問一答形式でまとめました。読者の皆さんは、最初から読むもよし、またご自分の興味あるところをみていただいてもよいと思います。

金融機関の職員や法律関係の実務に携わっている人だけでなく、日常生活で登記簿など見たことがないという人にもわかるように、図表や具体的な書式等をまじえながら、できるかぎりわかりやすく解説しました。読者の皆さんが登記簿を目にして、何か疑問が生じたおりに本書を開いて、参考にしていただければ幸いです。

最後に、本書の出版にあたっては、ビジネス教育出版社の酒井敬男社長、竹林啓司氏に多大なご協力をいただきました。この場を借りて厚くお礼申し上げます。

2018年10月

山本芳治

第Ⅰ編　不動産登記

1　総　　論

2 登記事項証明書・登記事項要約書

3 表示に関する登記

4　権利に関する登記

5　注意が必要な登記

6　抵当権と根抵当権

7 相続に関する登記

8 登記の申請手続

9 地図・公図・図面

第Ⅱ編　商業・法人登記

1 総　論

2 登記事項証明書・登記事項要約書

3　資格証明書・印鑑証明書、印鑑カード、印鑑

4 ブック登記簿

5　帳簿書類の公開、その他

第Ⅲ編　成年後見登記・債権譲渡登記・動産譲渡登記

1　成年後見登記

2　債権譲渡登記

3　動産譲渡登記

カバーデザイン／麒麟三隻館

凡 例

不動産登記法	→	不登法
不動産登記令	→	不登令
不動産登記規則	→	不登規
不動産登記事務取扱手続準則	→	不登準
商業登記法	→	商登法
商業登記規則	→	商登規
民事執行法	→	民執法

第Ⅰ編　不動産登記

1 総　論

▸▸▸Q 1

不動産登記とはどのような制度ですか。

A 不動産登記は、不動産の物理的現況や不動産に関する権利の得喪・変更などを公示することにより、国民の重要な財産である不動産の権利変動つまり権利の保全を図ることによって不動産取引の安全を図る制度です（不登法１条参照）。

▸▸▸Q 2

不動産とはどのようなもののことをいうのですか。

A 民法には、土地およびその定着物を不動産とする旨規定されています（民法86条１項）が、不動産登記法上、登記の対象となる不動産とは、土地と建物のことをさします（不登法２条１項１号）。

▸▸▸Q 3

不動産登記は早い者勝ちだといわれますが、どういうことですか。

A 不動産登記の最も重要な効力として、「対抗力」があります。

対抗力というのは、たとえば、あなたがマイホームを購入したが、登記をしないでいるうちに、売主が他の人に同じ家を売却（二重譲渡といいます）し、後で買った人が、登記を先にしてしまうと、先に買ったあなたが「その家の所有権は私にある」といえなくなります。もちろん売買契約は有効に成立しているのですから、売主にはあなたに対して引き渡すことができなかった損害賠償の責任はのこるでしょう。

また、別の例でＡ銀行が甲さんと抵当権の設定契約をしたが、抵当権設定の登記をしないでいるうちに後からＢ信用金庫も甲さんと抵当権の設定契約をし、登記を先にしてしまえば、先のＡ銀行は、後の抵当権を設定したＢ信用金庫に対抗することができないということです。つまり、登記は第三者に対する「対抗要件」であると民法177条で規定されているのです。

「対抗することができない」ということは、わかりやすくいえば「私のほうが優先するということを主張できない」ということです。

▶▶▶Q４

「不動産登記を信ずる者は救われない」といわれますが、どういうことですか。

A　「登記には公信力がない」「信ずる者は救われない」などといわれます。つまり、不動産登記簿をみて、その不動産の所有者となっているＡさんからＢさんがマイホームを購入したとしても、売主であるＡさんが本当の所有者ではなく、勝手に書類を偽造して、自分名義の所有権の移転登記をしていた場合、買主のＢさんは所有権を取得できません。

したがって実務では、登記簿上の所有者が真実の権利者であるかどうかを慎重に確かめ、取引する必要があります。

それでは登記簿をみる意味がないではないか、という疑問がでてきます。

しかし一方、登記は国の機関である法務局により厳格な手続で公の帳簿にされるものです。したがって、ほとんどは、登記されたとおりの真実の権利関係があると思わせる力、つまり推定力があるとされています。登記をみたら、正しい登記と思ってよいわけです。これが**権利推定力**という効力です。

この登記の権利推定力は法律上の条文で規定されているものではありませんが、判例でも登記を信頼して取引をしたものは無過失と推定されていますので、これをくつがえそうとするためには、その者が権利者ではないという反対の証拠をあげなければなりません。そういう意味で登記には権利推定力があるといわれているのです。

金融機関が抵当権等の担保権を設定する場合も同じことがいえます。たとえば、真実の所有者Ａの不動産をＢが偽って所有権移転登記をし、登記簿上Ｂ名義となっているものに金融機関が抵当権を設定したとしても、これは無効な登記となります。

実務でも、業績の芳しくない甲会社の代表者Ｃの登記簿上の所有物件に、第一順位の根抵当権を設定していましたが、登記簿上Ｃの前所有者が真実の所有者として現れ、この根抵当権が否定されたケースがあります。真実の所有者の確認が必要であることに注意が必要です。

また、以上のことは、売主や担保提供者が制限行為能力者の場合にもいえることです。つまり、未成年者、成年被後見人、被保佐人、被補助人との取引では、これらの者が単独で取引をした場合、取消権の問題が生じることになります。

登記だけを信用して不動産取引をすることは、けっして安全確実だとはいえません。

そこで、真実の所有者を確認するためには、不審に思われるケースでは、現在の甲区欄の登記名義人だけでなく、もとの所有者にも照会するなど売買の経過を確認することも必要となります。

また、場合によっては実地調査のときに、近隣の人から聴き取りをし、占有者と所有者が同一の人かどうか調査することも必要となるでしょう。

▶▶▶Q５

土地とその上に建っている建物は、両方が一緒に登記されているのですか。

A　土地と建物は、原則として別々に登記されています（不登法２条５号に「一筆の土地又は一個建物ごとに」と規定されている）。したがって、登記事項証明書を取得する場合は、土地と建物それぞれについて請求する必要があります。

もっとも、マンションなどの区分建物で土地と建物が一体化（敷地権化、Q12参照）されて登記されているものは、建物の登記事項証明書を取得すれば、基本的に敷地権の目的である土地についての証明も取得したことになりますが、一体化（敷地権化）の登記の前の権利関係が土地に残っている場合（仮登記など）がありますので、厳密に調査されたい場合は、一体化（敷地権化）されている土地についても登記事項証明書を取得しておく必要があります。

▶▶▶Q 6

表示に関する登記とはどのような登記ですか。この登記は義務づけられているとのことですがなぜですか。

A 表示に関する登記（以下「表示登記」という）は表題部にされる登記で、土地や建物の状況が記載されています。

土地……所在・地番・地目（土地の用途）・地積（土地の面積）など

建物……所在地番・家屋番号・種類・構造・床面積など

表示登記は所有者に申請の義務が課せられており、建物の場合、新築または増改築したときは、1か月以内に登記を申請しなければなりません。この場合、登録免許税は課されません。

表示登記が義務づけられている理由は、固定資産税を課税する前提として、不動産を特定する必要があるからです。したがって、1か月以内に表題部登記の申請をしないと10万円以下の過料に処せられることになっています（不登法164条、36条、47条1項）。

▶▶▶Q７

権利に関する登記とはどのような登記ですか。この登記はするもしないも自由とのことですがなぜですか。

A　権利に関する登記（以下「権利登記」という）は、不動産登記簿の権利部にされる登記で、不動産についての権利の保存・設定・移転・変更・処分の制限または消滅を公示するために行われます（不登法２条４号、３条）。

この権利部は、甲区と乙区とに分かれています。

甲区には、所有権に関する事項が記載されています。所有権というのは、法令の制限内で所有物を自由に使用・収益・処分することができる権利のことです（民法206条）。最初に所有権を取得した人が所有権保存登記をします。

甲区をみれば、その後、いつ誰がどんな原因（売買・相続など）で所有権を取得したかがわかります。また、ここには所有権に関する仮登記、仮差押え、差押え、仮処分などの登記がされます。

乙区には、抵当権、根抵当権など所有権以外の権利に関する事項が記載されています。また、ここには、地上権設定、賃借権設定、地役権設定などの登記がされます。

なお、Q3で説明したように、権利登記は対抗要件とされていますが、登記がなければ所有権の移転や抵当権設定などの効力が生じないというわけではなく、表示登記と違って登記義務はありません。

表示登記と権利登記の違いは、次のとおりです。

表示登記	権利登記
①　表示登記は対抗力を有しない。 ②　登記官に実地調査権が認められている。 ③　登記官の職権登記が認められている。	①　登記に対抗力が付与される。 ②　登記は申請主義（申請または嘱託）を原則とし、例外として職権登記も認められている。 ③　登記官は、原則として登記簿、申請書、添付情報（書類）等によって形式的な審査を行う。

▶▶▶Q 8

土地（建物）の所有者を知りたいのですが、登記簿のどこをみればわかりますか。

A 土地の登記簿の表題部「所有者」欄に登記されています。建物も同じで、表題部にされます。所有権が移転して権利部（甲区）に所有権保存登記がされると、この表題部の記載は下線を引いて抹消されます（見本例①②の「所有者」欄、③④の順位番号１欄）。

見本例①　土地・表題部

表　題　部（土地の表示）		調製	余　白		不動産番号	0000000000000
地図番号	余　白	筆界特定	余　白			
所　　在	特別区南都町一丁目			余　白		
① 地　番	② 地　目	③ 地　　積　㎡		原因及びその日付〔登記の日付〕		
101番	宅地	300	00	不詳 〔平成20年10月14日〕		
所　有　者	特別区南都町一丁目１番１号　甲　野　太　郎					

見本例②　建物・表題部

表　題　部（主である建物の表示）		調製	余　白		不動産番号	0000000000000
所在図番号	余　白					
所　　在	特別区南都町一丁目　101番地			余　白		
家屋番号	101番			余　白		
① 種　類	② 構　造	③ 床　面　積　㎡		原因及びその日付〔登記の日付〕		
居宅	木造かわらぶき ２階建	１階　80 ２階　70	00 00	平成20年11月１日新築 〔平成20年11月12日〕		
表　題　部（附属建物の表示）						
符　号	①種　類	② 構　造	③ 床 面 積 ㎡		原因及びその日付〔登記の日付〕	
１	物置	木造かわらぶき 平屋建	30	00	〔平成20年11月12日〕	
所　有　者	特別区南都町一丁目５番５号　法　務　五　郎					

見本例③　土地・権利部（甲区）

権　利　部（甲　区）（所　有　権　に　関　す　る　事　項）			
順位番号	登記の目的	受付年月日・受付番号	権　利　者　そ　の　他　の　事　項
1	所有権保存	平成20年10月15日 第637号	所有者　特別区南都町一丁目１番１号 甲　野　太　郎
2	所有権移転	平成20年10月27日 第718号	原因　平成20年10月26日売買 所有者　特別区南都町一丁目５番５号 法　務　五　郎

見本例④　建物・権利部（甲区）

権　利　部（甲　区）（所　有　権　に　関　す　る　事　項）			
順位番号	登記の目的	受付年月日・受付番号	権　利　者　そ　の　他　の　事　項
1	所有権保存	平成20年11月12日 第806号	所有者　特別区南都町一丁目５番５号 法　務　五　郎

▸▸▸Q 9

地番がわからないのですが、どうやって調べたらよいのでしょうか。

A　登記記録（登記簿）では、土地につけられた番号のことを「地番」といい、住居表示の番号とは異なります。登記簿は１筆（１区画）の土地または１個の建物ごとに作成されています。土地が分筆されると新たな登記簿が作成され、分筆される前の地番と異なる番号がつけられ、それぞれの土地が区別されます。したがって地番の番号は、地図の上では必ずしも番号の順番に並んでいません。

自己所有の不動産であれば、権利証（登記識別情報または登記済証）もしくは固定資産税の納付通知書の中に地番が記載されていますので、確認できます。また、不動産の所在を管轄する法務局の物件であれば、住所（住居表示）から、一般財団法人 民事法務協会がインターネットの「登記情報提供サービス」で提供している「地番検索サービス」を利用して調べるか、法務局にあるブルーマップによって調べることができます。

ブルーマップとは、住所から不動産登記の地番が簡単にわかるようにした地図帳です。住宅地図の上に、登記所備付の公図の内容を重ねあわせて印刷したもので、その内容が青色で印刷されているためブルーマップと称されています。物件の所在地を管轄する法務局へ行けば、ブルーマップを備え付けてありますので、誰でも無料で閲覧することができます。

管轄以外の物件の場合には、法務局によっては電話での問合せに応じているところもありますので、住所を言って地番を問い合わせるか、もしくは市町村役場で確認するなどして、調べてください。

なお、ここで「登記所」について説明しておきます。登記所《とうきしょ》とは、登記の手続を担当する役所のことです。ただし、登記所という現実の名称をもつ役所はなく、法務省の下部機構としての法務局や地方法務局、それらの支局・出張所が登記所としての登記事務を担当しています。具体的な登記事務については、現実に事務を取り扱うべき登記所が決まっており、それが管轄登記所です。各登記所の管轄区域は行政区画を基準にして定められており、不動産登記については不動産の所在地、商業登記については当事者の営業所の所在地が管轄の基準となります（不登法6条1項、商登法1条の3）。

▶▶▶Q10

不動産番号とは何ですか。

A　不動産番号とは、不動産を識別するために必要な事項の一つとして表題部に登記されている番号のことであり、一筆の土地または一個の建物ごとに定められています（不登法27条4号、不登規1条8号、同90条。見本例①②の上段右側）。

登記の申請や登記事項証明書などの請求にあたっては、不動産番号を記載すれば、不動産の表示を記載しなくてもよいことになりました。実務では、物件の表示をすべて省略することはなく、省略するにしても所在・地番・家屋番号などは記載することが多いようです。

▶▶▶Q11

家屋番号とは何ですか。登記簿のどこをみればわかりますか。

A　家屋番号とは、登記される１個の建物ごとに、法務局（登記所）において付される番号のことで（不登法２条21号、45条）、表題部の「所在」欄の下に記載されています（見本例②）。具体的には、

① 建物の敷地と同一地番の番号（敷地の地番が１番１であれば、家屋番号も１番１となる）
② ２個以上の建物が存する場合には、敷地の地番と同一の番号に支号を付し（敷地の地番が１番１の土地上に２個の建物があれば、家屋番号は１番１の１、１番１の２）
③ ２筆以上の土地にまたがって１個の建物が存する場合には、床面積の多い部分が存する地番と同一の番号をもって（敷地の地番が１番１と１番２であり、１番２の土地の地積のほうが１番１のそれより大きい場合は、家屋番号は１番２となる）定めることになります（不登規112条、不登準79条）。

もっとも、古い建物の家屋番号（所在変更の登記がされていないもの）については、たとえば、敷地の地番が１番１で、家屋番号が125番といったように上記の家屋番号の定め方の原則によらないものがあります。

▶▶▶Q12

区分所有建物（マンション）の登記簿に「敷地権」とありますが、どういうことですか。

A　区分所有建物は、専有部分と、廊下、階段、エレベーターなどの共用部分から構成されていますが、建物自体は必ず土地（底地）の上に建っています。この土地は、法律上当然に建物の敷地とされるものですから、「法定敷地」と呼ばれます（建物の区分所有等に関する法律（以下、「区分所有法」という）２条５項）。そして、各区分所有者はその土地を利用しうる何らかの権

利をもっています。

それは、所有権、地上権、賃借権、使用貸借権です。これらを「敷地利用権」といいます（同条6項）。このうち、使用貸借権を除いた権利を登記できるものを「敷地権」といいます（同法22条1項本文、不登法44条1項9号）。

以上のことをまとめて図にすると、次のようになります。

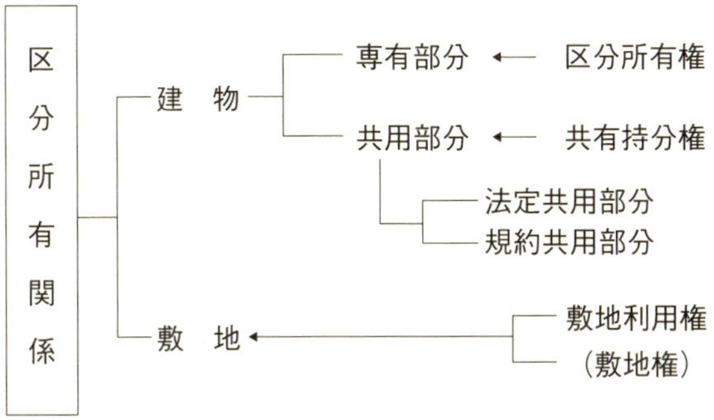

❶専有部分と敷地利用権の一体化の原則とは

区分所有建物の登記簿は専有部分ごとに記録されますので、大きなマンションでは登記簿も全体としてぼう大なものとなります。しかし、権利関係はそれぞれの専有部分ごとに記録されますので、個々の専有部分の登記事項証明書により権利の内容を把握することは容易です。

敷地である土地の登記については、このような特別な登記方法は行われていません。そこで大きなマンションのときは、権利部（甲区）には数十人、数百人にのぼる専有部分の区分所有者への所有権の一部移転登記がされ、さらに専有部分が売買されれば、その移転の登記、あるいは、差押え、仮差押え、その抹消の登記等がされます。権利部（乙区）にも、共有持分を目的とする(根)抵当権の設定登記、その抹消登記等が次々にされ、マンションの敷地の登記簿は、ぼう大かつ複雑なものとなり、公示機能を十分果たせなくなってきました。

そこで、昭和58年に区分所有法が大改正（昭和59年1月1日施行）され、専有部分と敷地利用権の一体化の原則が採用されました。つまり、専有部分とこれに対応する敷地利用権とは、原則として分離して処分をすることはできないこととしたのです。登記簿上の公示としては、建物の専有部分のみを登記し、この登記がなされると、土地である敷地利用権についても、同じ登記がなされたものとみなすこととし、敷地の登記簿への登記はしないこととされました。

登記簿上には見本例のとおり各区分建物の敷地権の表示欄に「敷地権の表示の登記」をし、あわせて建物の敷地である土地の登記簿に「敷地権である旨の登記」をして、専有部分と敷地利用権とが一体化していることを公示することとしたのです（不登法46条）。

また、改正法施行前に建てられたマンション等の区分所有建物も原則として一体化する登記簿の改製作業を登記所で行うこととなっています（規模により一体化しないマンションのあることも知っておいてください）。この改製作業が行われた登記簿の表題部の「登記の日付」欄には、「昭和五八年法務省令第三十四号附則第三条第二項の規定により移記　昭和○年○月○日」という記載がされます。

なお、小規模な区分所有建物とか、また大規模な区分所有マンションでも例外的に、規約に定めることにより一体化の原則をとらなくてよい場合があります。

❷法定敷地と規約敷地

建物の所在する土地、つまりマンション等の底地を法定敷地というのに対して、「規約敷地」といわれるものは、マンション等の底地となっていない別筆の土地で、建物およびその法定敷地と一体的に管理または使用する関係にあり、規約によって建物の敷地とすることができるものをいいます。たとえば駐車場、庭、通路などがあります。

規約敷地は、必ずしも法定敷地と隣接している必要はありません。

❸敷地利用権と敷地権

「敷地利用権」については、区分所有法に「専有部分を所有するための建物の敷地に関する権利をいう」（2条6項）とされています。つまり、区分所

見本例　区分建物の登記

様式例・3

専有部分の家屋番号	3－1－101　3－1－102　3－1－201　3－1－202		
表　題　部　（一棟の建物の表示）	調製　余　白	所在図番号	余　白
所　　在	特別区南都町一丁目　3番地1	余　白	
建物の名称	ひばりが丘一号館	余　白	

①　構　造	②　床　面　積　㎡	原因及びその日付（登記の日付）
鉄筋コンクリート造陸屋根 2階建	1階　300 : 60 2階　300 : 40	〔平成20年11月11日〕

表　題　部　（敷地権の目的である土地の表示）				
①土地の符号	②　所在及び地番	③地　目	④　地　積　㎡	登記の日付
1	特別区南都町一丁目3番1	宅地	350 : 76	平成20年11月11日

表　題　部　（専有部分の建物の表示）			不動産番号	0000000000000
家屋番号	特別区南都町一丁目　3番1の101		余　白	
建物の名称	R10		余　白	
①　種　類	②　構　造	③　床　面　積　㎡	原因及びその日付（登記の日付）	
居宅	鉄筋コンクリート造 1階建	1階部分　150 : 42	平成20年11月7日新築 〔平成20年11月11日〕	

表　題　部　（敷地権の表示）			
①土地の符号	②敷地権の種類	③　敷地権の割合	原因及びその日付（登記の日付）
1	所有権	4分の1	平成20年11月7日敷地権 〔平成20年11月11日〕
所　有　者	特別区東都町一丁目2番3号　株　式　会　社　甲　不　動　産		

権　利　部（甲　区）（所有権に関する事項）			
順位番号	登記の目的	受付年月日・受付番号	権利者その他の事項
1	所有権保存	平成20年11月12日第771号	原因　平成20年11月11日売買 所有者　特別区南都町一丁目1番1号 甲　野　一　郎

権　利　部（乙　区）（所有権以外の権利に関する事項）			
順位番号	登記の目的	受付年月日・受付番号	権利者その他の事項
1	抵当権設定	平成20年11月12日第772号	原因　平成20年11月12日金銭消費貸借 同日設定 債権額　金4,000万円 利息　年2・60％（年365日日割計算） 損害金　年14・5％（年365日日割計算） 債務者　特別区南都町一丁目1番1号 甲　野　一　郎 抵当権者　特別区北都町三丁目3番3号

＊　下線のあるものは抹消事項であることを示す。　　整理番号　D23991　（1／1）　1／2

有者がマンション等の建物の敷地（規約敷地も含むことに注意してください）である土地について有する所有権とか地上権、賃借権のことですが、使用貸借権も含まれます。

「敷地権」というのは、不動産登記法上の用語としてでてくるもので、敷地利用権の中で、登記があり、かつ建物または附属建物と分離して処分できないものをいいます。したがって、登記のできない土地の使用貸借権は敷地権とはなりません。

▶▶▶Q13

不動産に抵当権がつけられているかどうか知りたいのですが、登記簿のどこをみればよいのでしょうか。

A　登記簿の権利部（乙区）欄をみてください。

次ページの見本例①は、23ページ見本例①の土地に抵当権が設定されたケース、見本例②は、見本例①の土地に建っている建物につけたケースで、平成20年11月４日に法務五郎さんが南北銀行から4,000万円の融資を受けていることがわかります（抵当権の詳細については、Q42～Q45「抵当権と根抵当権」を参照）。

なお、権利部の下にある共同担保目録については、Q14で説明します。

▶▶▶Q14

共同担保目録とはどのようなものですか。

A　同一債権の担保として、２個以上の不動産に担保権（抵当権、根抵当権、先取特権、質権、転質）を設定することを共同担保（民法392条参照）といい、共同担保として当該担保権の登記をすると、共同担保目録が作成されます（不登法83条２項）。

見本例①　土地・権利部（乙区）

権　利　部（乙区）（所有権以外の権利に関する事項）			
順位番号	登記の目的	受付年月日・受付番号	権利者その他の事項
1	抵当権設定	平成20年11月12日 第807号	原因　平成20年11月４日金銭消費貸借同日設定 債権額　金4,000万円 利息　年２・60％（年365日日割計算） 損害金　年14・５％（年365日日割計算） 債務者　特別区南都町一丁目５番５号 法　務　五　郎 抵当権者　特別区北都町三丁目３番３号 株　式　会　社　南　北　銀　行 （取扱店　南都支店） 共同担保　目録(あ)第2340号

共　同　担　保　目　録			
記号及び番号	(あ)第2340号	調製	平成20年11月12日
番　号	担保の目的である権利の表示	順位番号	予　　　備
1	特別区南都町一丁目　101番の土地	1	余　白
2	特別区南都町一丁目　101番地 家屋番号　101番の建物	1	余　白

見本例②　建物・権利部（乙区）

権　利　部（乙区）（所有権以外の権利に関する事項）			
順位番号	登記の目的	受付年月日・受付番号	権利者その他の事項
1	抵当権設定	平成20年11月12日 第807号	原因　平成20年11月４日金銭消費貸借同日設定 債権額　金4,000万円 利息　年２・60％（年365日日割計算） 損害金　年14・５％（年365日日割計算） 債務者　特別区南都町一丁目５番５号 法　務　五　郎 抵当権者　特別区北都町三丁目３番３号 株　式　会　社　南　北　銀　行 （取扱店　南都支店） 共同担保　目録(あ)第2340号

共　同　担　保　目　録			
記号及び番号	(あ)第2340号	調製	平成20年11月12日
番　号	担保の目的である権利の表示	順位番号	予　　　備
1	特別区南都町一丁目　101番の土地	1	余　白
2	特別区南都町一丁目　101番地 家屋番号　101番の建物	1	余　白

共同担保目録は、登記官が登記記録の一部として作成するもので、共同担保関係を公示するための物件一覧表のようなものです。登記事項証明書の「権利者その他の事項」欄に共同担保目録番号が記載されており、対応する共同担保目録を確認することができます（登記見本例①②）。

共同担保目録付（現在事項または閉鎖事項も含むすべて）として、不動産の登記事項証明書を申請すると、共同担保目録の付いた証明書を取得することができます。なお、登記事項要約書には、共同担保目録は添付されません。

▶▶▶Q15

土地の所有者をさかのぼりたいのですが、明治時代からの権利関係を調べることは可能ですか。

A　現在は、地番のあるすべての土地について登記をすることになっています（不登法36条）ので、過去の権利関係を確認することは可能です。しかし、登記制度が導入された明治時代には、民法で規定する物権変動（売買等を原因とする不動産の譲渡や抵当権の設定など）を対抗（主張）するために登記が位置づけられ、利用されていたことから、すべての土地について登記簿が存在するわけではありません。

前述したように、登記制度は明治時代からはじまったものなので、明治時代から権利関係に変動がなく登記がされていれば確認することも可能ですが、登記簿より土地台帳を調べたほうが所有者の確認ができることもあります。

2　登記事項証明書・登記事項要約書

▶▶▶Q16

登記の内容を確認したいのですが。

A　登記の内容は、登記事項証明書または登記事項要約書を取得して、コンピュータに記録されている内容を打ち出したもので確認します。

登記事項証明書等の交付の請求に関する主な登記手数料は次のとおりです（登記手数料令2条1項、2項）。

登記事項証明書等の交付の請求に関する主な登記手数料

（平成30年9月現在）

区　分		手数料額
登記事項証明書（登記簿謄本・抄本）	書面請求	600円
	オンライン請求・送付	500円
	オンライン請求・窓口交付	480円
登記事項要約書の交付・登記簿等の閲覧		450円

（注）1通の枚数が50枚を超える場合には、その超える枚数50枚までごとに登記事項証明書は100円、登記事項要約書は50円が加算されます。

▶▶▶Q17

登記事項証明書とはどのようなものですか。

A　登記事項証明書とは、従前の登記簿の謄本《とうほん》または抄本《しょうほん》に代わる制度です（不登法119条1項、商登法10条）。登記記録が磁気ディスク（コンピュータ）に記録されているため、編集・印字し、証明したものが登記事項証明書になります。

謄本は登記簿全部の写し、抄本は一部分だけの写しです。現在、謄本は「全部事項証明書」に、抄本は「一部事項証明書」に代わっています。

不動産の登記事項証明書の種類は、①全部事項証明書、②現在事項証明書、③何区何番事項証明書、④所有者証明書、⑤一棟建物全部事項証明書、⑥一棟建物現在事項証明書のほか、閉鎖事項証明書があります（不登規196条）。

登記事項証明書の種類

証明書の種類		記載される登記記録の内容（不登規196条）
①全部事項証明書		登記記録（閉鎖登記記録を除く）に記録されている事項の全部
②現在事項証明書		登記記録に記録されている事項のうち現に効力を有するもの
一部事項証明書	③何区何番事項証明書	権利部の相当区に記録されている事項のうち請求にかかる部分
	④所有者証明書	登記記録に記録されている現在の所有権の登記名義人の氏名または名称および住所
⑤一棟建物全部事項証明書		一棟の建物に属するすべての区分建物である建物の登記記録に記録されている事項の全部
⑥一棟建物現在事項証明書		一棟の建物に属するすべての区分建物である建物の登記記録に記録されている事項のうち現に効力を有するもの
閉鎖事項証明書		土地の合筆により閉鎖された土地の登記記録、取り壊されたため閉鎖された建物の登記記録など、閉鎖登記記録にかかる登記事項証明書

▶▶▶Q18

登記事項要約書とはどのようなものですか。

A　登記事項要約書とは、従前の登記簿の閲覧に代わる制度です（不登法119条２項、商登法11条）。現在は登記記録が磁気ディスク（コンピュータ）に記録されて、いわゆる閲覧させる物（ブック式の登記簿）が存在しないため、登記記録の概要は記載した書面（登記事項要約書）を交付する取扱いがなされています。

登記事項要約書は、閲覧に代わる制度のため、不動産を管轄する法務局の窓口においてのみ交付されます。郵送による請求は認められませんし、各地の登記所をオンラインで結ぶ登記情報交換システムによる処理の対象にはなりませんので、窓口で請求される場合であっても、他の法務局が管轄する不動産または会社の登記事項要約書を取得することはできません。

また、登記記録がすべて反映される登記事項証明書に対比しますと、その内容は、現に効力を有する事項に限られ、閉鎖事項の内容は含まれず、記載される事項も限られたものになります。さらに、登記官による認証文（登記官による証明文）も付されませんし、不動産の場合、共同担保目録を添付することもできません。

▶▶▶Q19

登記事項証明書に有効期限はないのでしょうか。

A　不動産登記法および商業登記法上、特段、有効期限の定めはありませんが、証明書を提出する相手方（銀行、役所など）のほうで有効期限を設けている場合がありますので、注意が必要です。

▶▶▶Q20

一度交付を受けた登記事項証明書を持ち帰ったのですが、別の種類の登記事項証明書が必要な場合、差し替えてもらうことはできますか。

A　登記所に請求したとおりの証明書が作製され、一度交付を受けているのであれば、差し替えてもらうことはできません。

▶▶▶Q21

登記簿の抄本を取りたいのですが。

A　登記簿抄本は、コンピュータ化に伴い、一部事項証明書に変更されています。一部事項証明書を請求するには、どの区を請求するのか特定する必要があります。

▶▶▶Q22

以前に証明書を取得しているので、その内容に変更があるかないかだけを確認したいのですが。

A　登記情報は有料情報となっているので、法務局の窓口でそのような質問に対する回答をすることはありません。登記事項証明書または要約書を請求することとなります。

▶▶▶Q23

他の人が私の不動産の登記事項証明書を勝手に取得したようなのですが。

A　登記事項証明書は、不動産登記法上、所有者以外であっても、誰でも取得することができます(不登法119条１項、商登法10条１項)。登記事項証明書を誰にでも発行するという登記簿公開制度の趣旨は、不動産の現況等や所有権等の権利関係を明らかにし、不動産取引の安全を図ることにあります。

▶▶▶Q24

私の持っている不動産の全部について証明書が欲しいのですが、物件の所在がわかりません。

A　所有者から不動産を検索することはシステム上できませんので、登記事項証明書を請求するには、不動産（所在および地番）の特定をする必要があります（不登規193条１項）。

自己所有の不動産であれば、登記識別情報通知（登記済証）または市区町村長発行の固定資産課税証明書や固定資産税納付通知書の中に、不動産の表示が記載されています。

▶▶▶Q25

登記事項証明書の交付請求書の書き方を教えてください。

A　次ページの見本例をみてください。

請求書に、①請求人の住所・氏名（押印は必要ありません）、②請求する不動産の所在事項または不動産番号、③請求の通数、④全部事項、現在事項、閉鎖登記記録等、請求したい証明書をチェックしてください。また、共同担保目録、信託目録等を希望される場合も、その旨チェックしてください（不登規193条１項）。

▶▶▶Q26

私が保有している不動産の登記簿を他の人に閲覧させないでほしいのですが。

A　不動産登記法上、誰でも手数料を納めれば、登記簿の閲覧（登記登録は、コンピュータ化されていますので、概要を記した登記事項要約書の取得）をすることができます（不登法119条２項）。

登記簿を公開する趣旨は、不動産の状況や所有権等の権利関係などを明らかにすることにより、不動産取引の安全を図ることにあります。

登記事項証明書（登記簿謄本・抄本）交付申請書

情報番号１１１０（記載要領）１／１ページ

不動産用

登記事項証明書 登記簿謄本・抄本 交付申請書

※ 太枠の中に書いてください。

窓口に来られた人（申請人）	
住　所	東京都千代田区霞が関１－１－１
フリガナ	ホウム　タロウ
氏　名	法　務　太　郎

収入印紙欄

収入印紙

収入印紙

収入印紙は割印をしないでここに貼ってください。

（登記印紙も使用可能）

※地番・家屋番号は、住居表示番号（〇番〇号）とはちがいますので、注意してください。

種　別（レ印をつける）	郡・市・区	町・村	丁目・大字・字	地　番	家屋番号又は所有者	請求通数
1 ☑土地	千代田区	霞ヶ関	一丁目	１番１		1
2 □建物						
3 □土地						
4 □建物						
5 □土地						
6 □建物						
7 □土地						
8 □建物						
9 □財団（□目録付） □船舶 □その他						

※共同担保目録が必要なときは，以下にも記載してください。
次の共同担保目録を「種別」欄の番号＿＿＿＿＿＿番の物件に付ける。
□現に効力を有するもの　□全部（抹消を含む）　□（＿）第＿＿＿＿号

※該当事項の□にレ印をつけ，所要事項を記載してください。

☑ 登記事項証明書・謄本（土地・建物）
　専有部分の登記事項証明書・抄本（マンション名＿＿＿＿＿＿＿＿＿＿＿）
　□ただし，現に効力を有する部分のみ（抹消された抵当権などを省略）

□ 一部事項証明書・抄本（次の項目も記載してください。）
　共有者＿＿＿＿＿＿＿＿＿＿＿＿＿＿に関する部分（注）

□ 所有者事項証明書（所有者・共有者の住所・氏名・持分のみ）
　□ 所有者　　□ 共有者＿＿＿＿＿＿＿＿＿＿

□ コンピュータ化に伴う閉鎖登記簿
□ 合筆，滅失などによる閉鎖登記簿・記録（昭和/平成＿＿年＿＿月＿＿日閉鎖）

交付通数	交付枚数	手数料	受付・交付年月日

（乙号・１）

（法務省ホームページより）

注（注は著者加筆）：マンションで敷地権登記のない土地の登記簿をとるときなど。大きなマンションでは全員のものをとると膨大な枚数となるため。

3　表示に関する登記

▶▶▶Q27

土地登記簿をとるときは、交付請求書に地番を書く必要がありますが、住居表示はわかりますが地番がわかりません。

A　よく法務局の窓口で職員から「地番を書いてください」と言われている光景を見かけます。また、法務局の掲示等にも「住居表示番号は地番とは違います。登記簿の請求は地番を書いてください」と注意書きが貼り出されています。

住居表示では、建物を町名・街区符号・住居番号で表記しています。各建物の住居番号は、その建物の出入口が接したところの基礎番号が使われます。従来は地番が使われていましたが、市街化が進むにしたがって、その土地がどこにあるのかを地番で特定することが困難となってきたこともあり、昭和37年に「住居表示に関する法律」が制定され、住居表示が実施されるようになりました。

住居表示によって、「○○市××町△△番地」と表記されていた住所が、「○○市××▲丁目△△番●●号」というように表記されるようになりました。住居表示を実施していない地区の住所は、従来どおり地番を使用しています。

地番は主に登記情報の取得や税金など公的に使う土地を表し、住居表示は郵送物などを配達する宛先を表しています。現在でも土地を特定するために地番の重要性は変わらないため、登記簿上は「○○市××町△△番地」という表記がされています。

それでは、どうすれば住居表示から地番を探すことができるでしょうか。第一の方法は、市区町村に問い合わせて、住居表示に該当する「旧住所」を教えてもらうことです。電話で回答してくれますが、旧住所が地番です。

もっとも、法務局にも「新旧住所の対照表」が備えてありますので、そこで自分で調べることもできます。住居表示が実施されていないところは、このように区別されていませんので「そのままとれます」と返答が返ってきます。郵送でも登記簿はとれることになっていますが(このときは、収入印紙を貼った申請書のほか、返信用封筒に切手を貼って入れてください)、事前に市区町村に地番を確かめてから送ることが必要です。

なお、法務局で発行される登記事項証明書は、最寄りの法務局から全国の法務局に請求し取り寄せることもできます。

第二の方法は、住居表示と地番の入った住宅地図（『住居表示地番対照住宅地図』ゼンリン発行）から、自分で探すこともできます。この地図は法務局にも備えてありますので、そこで見ることができます。

▶▶▶Q28

都心の一等地の７階建てビルの登記簿を見たいのですが見当たりません。法務局で尋ねたら、未登記の建物だとのことですが。

A　このような場合は、市区町村の固定資産税課に足を運んで「家屋課税台帳」から調べることになりますが、納税者のプライバシー保護ということから本人確認が厳格になり、閲覧するにも納税者本人（その資産の所有者）か、本人の代理人でなければできません。結局、本人から聞かざるを得ません。

本来は、建物を新築したら、１か月以内に建物の表示登記をしなければならないのですが、融資を受ける必要がない場合など、新築しても表示登記をしていないケースがあります。閣僚の資産公開の中で、大臣の建物が12年間未登記であったとか、実際は宅地なのに畑のままで地目の変更登記をせず、貸し駐車場として納税額も安いままだったなどと大きく報道されたこともあります。

4　権利に関する登記

▶▶▶Q29

権利に関する登記には、どのような登記があるのですか。

A　不動産登記法では、所有権をはじめとする９つの権利の保存・設定等について登記することができるとされています（不登法３条）。

登記できる権利、できない権利

登記できる権利	所有権	特定の物を直接的・全面的に支配し、自由にその所有物の使用・収益および処分をすることができる権利（物権。民法206条）。
	地上権	他人の土地において工作物または竹木を所有するために、その土地を使用する権利（用益物権。民法265条）。
	永《えい》小《こ》作《さく》権《けん》	小作料を支払い他人の土地で耕作等をする権利（用益物権。民法270条）。
	地《ち》役《えき》権《けん》	ある土地の利用価値を増すために他人の土地を通行するなど、特定の土地（要役地）の便益のために他人の土地（承役地）を利用する権利（用益物権。民法280条）。通行地役権・引水地役権・観望地役権など。
	先《さき》取《どり》特《とっ》権《けん》	法律の定める特殊の債権を持つ者が、債務者の総財産または特定の動産・不動産から一般債権者に優先して弁済を受けることのできる権利（法定担保物権。民法303条）。
	質権	債権者が、その債権の担保として債務者または第三者（物上保証人）から受け取った物を債務の弁済があるまで留置して、その弁済を間接的に強制するとともに、弁済のない場合には、その物から優先弁済を受けることを内容とする権利（約定担保物権。民法342条）。
	抵当権（根抵当権）	債務者または第三者（物上保証人）が、債務の担保に供した不動産等その他一定の権利を担保提供者の使用・収益に任せておきながら、債務不履行の場合にその物の価額から優先弁済を受けることを内容とする権利（約定担保物権。民法369条）。特定の債権を担保する普通抵当権と、不特定の債権を担保する根抵当権（民法398条の２）の２種類がある。
	賃借権	賃貸人が賃借人に対して、ある物を使用・収益させることを約し、賃借人がこれに対して賃料を支払うことを約する契約（賃貸借契約、有償・双務・諾成の契約）に基づく賃借人の権利（債権。民法601条）。賃料を支払う点で、無償の「使用貸借」（民法593条）と区別される。
	採石権	他人の土地において、設定行為の定めるところに従って、岩石および砂利を採取する権利（採石法による）。

登記できない権利	占有権	特定の物を事実上支配（占有）することを権利の内容とする権利（物権）。占有権は、自己のためにする意思をもって物を所持することによって取得する（民法180条）。
	入《いり》会《あい》権《けん》	山林原野で雑草、薪炭用雑木等を採草することなど、これを共同して収益することができる権利（民法263条、294条）。
	留《りゅう》置《ち》権《けん》	他人の物の占有者が、その物に関して生じた債権の弁済を受けるまで、そのものを留置することを内容とする権利（法定担保物権。民法295条）。
	使用貸借権	当事者の一方が無償で使用・収益をした後に返還することを約して相手方から目的物を受け取る（要物・無償・片務契約）ことを内容とする権利（債権。民法593条）

これ以外に、売買契約と同時に買戻しの特約を設定したときにされる「買戻特約の登記」があります（Q35参照）。

買戻特約の登記は、売買による所有権移転登記申請と同時にする必要があります（大判明治33.10.5）。

▸▸▸Q30

登記簿をみると、権利部（甲区）順位番号１番に「所有権保存」とありますが、何を意味するのですか。

A　次ページの登記簿をご覧ください。

見本例では、順位番号１番で「所有権保存登記」がされています。所有権保存登記というのは、はじめてされる所有権の登記のことです。この登記がなされることによって、はじめて権利部（甲区）登記用紙が開設され、その後はこの登記を基礎として、その不動産に関する各種の権利変動の登記がされていくことになります。

このケースのように、建物を新築した場合など最初にこの登記が行われます。ただ、表示登記が義務づけられているのと違って、所有権保存登記はするもしないも所有者の意思にまかされています。

保存登記をすることのできる人は、原則として、登記簿の表題部に所有者として記載されている者、またはその相続人です。この登記は、単独で申請

権 利 部（甲 区）（所 有 権 に 関 す る 事 項）			
順位番号	登記の目的	受付年月日・受付番号	権 利 者 そ の 他 の 事 項
1	所有権保存	平成××年××月××日 第○○○号	所有者　○市○町○丁目○番○号 A
2	所有権移転	平成××年××月××日 第○○○号	原因　平成××年××月××日相続 所有者　○市○町○丁目○番○号 B
3	所有権移転	平成××年××月××日 第○○○号	原因　平成××年××月××日売買 所有者　○市○町○丁目○番○号 C

※最後の順位番号の登記が「所有権移転」または「共有者全員持分全部移転」とあり、「所有者○○」となっている場合（この場合はC）は、この不動産はCの単独所有です。

できる、いわゆる単独申請の登記です。したがって、登記の申請の添付書類としては、登記識別情報通知（登記済証）も印鑑証明書も不要で、住所証明情報（住民票など）と、司法書士に委任するときは代理権限証書が必要となるだけです。

▸▸▸Q31

権利部（乙区）にされる登記にはどのようなものがあるのですか。

A　権利部（乙区）欄には所有権以外の権利に関する事項が記載されています。どのような権利が登記されるかは次ページの図に下線を付してあります。この登記される権利については、前述したとおり、不動産登記法で所有権（甲区）、地上権・永小作権・地役権・先取特権・質権・(根)抵当権・賃借権・採石権（乙区）という９種類が決められています。

これを民法との関係でもみておくと理解が深まると思います。民法が定めている財産権には、物権と債権とがあります。

民法で定める物権は10種類ありますが、このうち占有権と留置権は、その性質上、いずれも占有という外形的事実で公示し、占有の喪失によりその権利も消滅するため、登記によって公示する必要がないので不動産登記の対象となりませんし、入会権《いりあいけん》は慣習上の権利であるため、これも登記することはできません。

なお、賃借権は債権ではありますが、登記を認められています。建物の所有を目的とする賃借権と地上権のことを「借地権」といい、借地借家法（平成４年８月１日に借地借家法が施行される前の同年７月31日までに締結された借地契約については旧借地法）によって保護されています。

このほか、採石法上の採石権の登記をすることが認められていますので、乙区には９種類の権利が登記されることになります。

次順位で担保権を設定する場合は、先順位の額を控除して評価額をきめることになります。

この乙区欄を見て注意しなければならない点は次のとおりです。

❶先順位（根）抵当権等の調査

乙区に登記される（根）抵当権等の優劣は、順位番号により決まります（民

登記することができる権利（下線を付したもの）

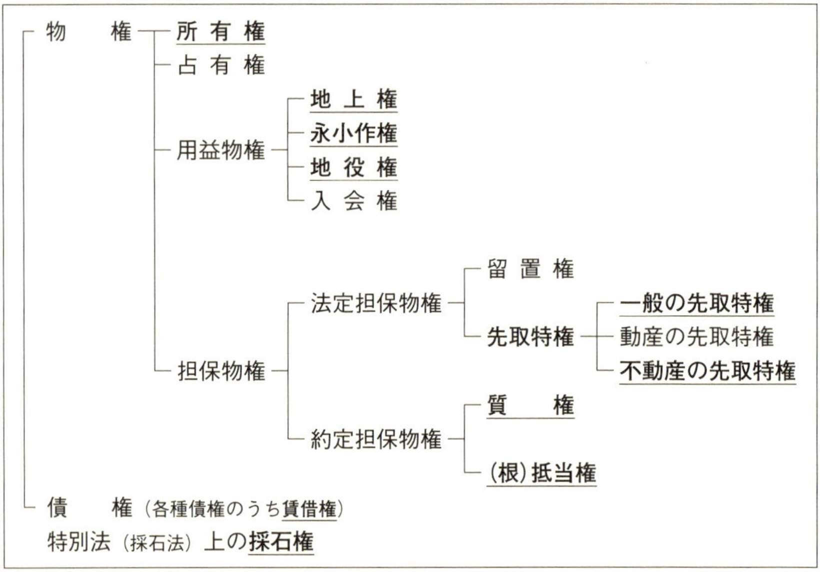

法373条)。甲区と乙区の優劣は、受付番号により決まります。受付番号とは、登記事項証明書では「受付年月日・受付番号」欄に「○年○月○日第○○号」と登記されているものです。

先順位(根)抵当権の有無と設定額（根抵当権の場合は極度額）を確認します。

❷地上権、賃借権等の登記の有無の調査

土地登記簿に借地権の登記が先順位でされている物件は、通常は評価額が出せませんので、担保とするには不適当です。

❸地役権、区分地上権、その他の権利の調査

高圧電線を敷設するための地役権とか、高架鉄道、地下鉄運行など土地の立体的利用を目的とする「区分地上権」が先順位で登記されている場合は、その内容を調査して相応の減価評価をします。

永小作権､先取特権､質権等の登記されている物件は担保として不適当です。

❹抵当権の登記（Q42～Q45参照）

日常ひんぱんに抵当権の登記が行われるのは、不動産を購入したとき金融機関から融資を受け、その購入物件に抵当権を設定するというようなときです。

抵当権は特定の債権を担保するためのものですから、その債権が返済され減少すると抵当権の担保額もそれと同じく減少し、全額が返済されると抵当権は消滅します。これを抵当権の「付従性《ふじゅうせい》」といいます。

つまり、抵当権は１回限りの債権を担保するだけです。この点が根抵当権と基本的に異なる点です。

抵当権とは、債権者（抵当権者）が債務者または第三者などから債務の担保として提供を受けた不動産などを、その提供者（抵当権設定者）である不動産の所有者とか、地上権、永小作権の取得者のもとにおいて、そのまま従来どおり使用収益させておき、もし債務者が債務を弁済しないときは、これを競売してその代金のなかから優先的に債務の弁済を受けることのできる担保のことです。民法369条１項に定義されています。

担保提供者は、債務者本人でなくても第三者でもよいことになっています。

このような第三者のことを「物上保証人」といいます。物上保証人のときは、とくに担保提供意思の確認が重要となります。

❺抵当権の目的となるもの

抵当権の目的となるものは、①不動産（土地・建物）の所有権およびそれらの共有持分と、②地上権、永小作権、採石権です。地役権や賃借権には抵当権の設定はできません。

しかし、金融機関等が建物を担保にとる場合に、土地は借地であるというようなことはよくあるケースです。このようなときに建物に抵当権を設定すると、その抵当権の効力は建物の敷地である借地にも及ぶとされています。

❻抵当権設定と登記の効力

抵当権を設定する場合、債務者あるいは第三者である設定者（不動産の所有者）との間で抵当権設定契約証書等により契約を結びます。抵当権そのものはこの合意（設定契約）により、有効に成立します。つまり抵当権の設定の登記は、抵当権成立のための要件とはされていません。登記はあくまで、第三者に対する対抗要件です。

❼留置権等の規定の準用

抵当権者は、被担保債権の全部の弁済を受けるまでは、抵当権の目的物の全部についてその権利を行使できます。つまり留置権の場合の留置権者は債権を全部払ってもらうまで留置してある物を返さなくてよいという規定（民法296条〈留置権の不可分性〉）を抵当権でも準用しています（民法372条）。

▸▸▸Q32

「本登記」と「仮登記」について教えてください。

A　仮登記というのは、①売買契約や抵当権等の設定契約はなされており、本来は本登記をすべきであるが、手続上の条件が完備していない場合や、②上記のような実質上の権利変動は生じていないが権利変動が条件付であったり、所有権移転等の請求権を保全するときなどに行われます。

前者は不登法105条１号の規定に基づいてなされる登記で「１号仮登記」といい、後者は同条２号に基づくもので「２号仮登記」とよばれています。いずれも、将来なされる本登記の順位をあらかじめ確保しておくためになされる登記です。

❶仮登記の順位保全の効力

仮登記は、民法177条に規定する対抗力は有しませんが、後日、本登記をすれば本登記の順位は仮登記の順位によることになり、仮登記後に生じた第三者の権利の登記を否定することができます。つまり、仮登記には「順位保全の効力」があるのです。

なお仮登記は、権利部（甲区）欄にされる所有権だけではなく、不登法３条にある、地上権、永小作権、地役権、先取特権、質権、抵当権、賃借権、採石権の権利についてもすることができます。また、民法で規定する買戻権についても登記することが認められています。

❷不登法105条１号の仮登記

この仮登記は実務上「条件不備の仮登記」ともいわれます。本登記に必要な手続上の条件が完備していない例としては、次のような場合があります。

①　登記義務者が本登記の申請に協力しない場合

このような場合には、判決を得て単独で本登記を申請することができますが、それには時間がかかりますので、その間登記の順位を保全（確保）しておくために不登法105条１号の仮登記をします。というのは、登記は法律に特別の定めがないかぎり（たとえば、不動産保存の先取特権など）、優先順位は登記の前後により決まるからです。

なお、このときは仮登記仮処分命令の申請をし、登記権利者が単独で仮登記ができます（不登法107条１項）。

②　登記済証または登記識別情報を提供できない場合

登記権利者および登記義務者が共同して仮登記を申請する場合において、申請書の添付書類（情報）である登記義務者の権利に関する登記済証または登記識別情報を提供できないときには、事前通知制度などによりますが、それには時間がかかりますので仮登記をしておきます（同条2項）。

③　許可書・同意書などを添付できない場合

第三者の許可・同意などが必要なときに、許可書・同意書などを添付できない場合に不登法105条1号の仮登記をします。ただしこの場合、第三者の許可・同意は得ているが、その書面を添付できないときに限られますので注意してください。

▶▶▶Q33

地役権について教えてください。

A　地役権とは、他人の土地（承役地《しょうえきち》）を、自己の土地（要役地《ようえきち》）の便益に供する目的で設定する用益物権です。たとえば、通行目的のために設定する通行地役権、送電のための送電地役権、用水するための用水地役権、一定の建物を建てさせないための観望地役権などがあります。地役権は、要

承役地登記簿

えつ川3丁目

地番家屋番号　79-10

乙区（所有権以外の権利）

順位番号	事項欄
壱	請求事項
	地役権設定 昭和五弐年壱月弐弐日受付 第四五九壱号 原因　昭和五弐年壱月壱七日 設定契約 目的　(1)送電線路の架設および保守等のための土地立入(2)送電線路の最下垂時における電線から参・六mの範囲内における建造物の築造の禁止、ならびに送電線路に支障となる工作物の設置、竹木の植栽等禁止(3)爆発性、引火性を有する危険物を製造、取扱い、または貯蔵禁止 範囲　全部 要役地　横浜市南区別所弐丁目壱弐弐番壱

要役地登記簿

【乙区】

壱
要役地地役権 承役地　○市○区○丁目○番○号 目的　（省略） 範囲　全部 平成弐四年四月壱○日登記 ㊞

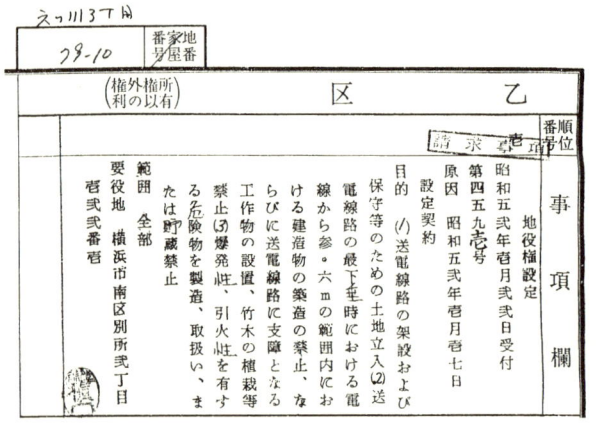

役地の便益を高めるためにする登記なので、地役権者の氏名等は記載（登記）されません（不登法80条２項）。また、地役権は、法律上当然に認められる隣地使用権（民法209条）などと異なり、当事者間の契約（約定）で定める約定物権であるため、要役地と承役地は、隣接しているとは限りません。

地役権設定の範囲が承役地の一部であるときは、その範囲を明らかにするために、地役権図面が提出され（不登令別表の項35ロ）、法務局に保存されます（不登則28条14号）。

地役権の登記は２つの登記簿つまり、利用価値が増す（地役権者が登記権利者）「要役地」の登記簿（このケースでは送電線路の架設や保守等のため、他人の土地に立入ることができる電力会社側の土地）と、要役地の近くにあり自分の土地利用を制約される（地役権設定者が登記義務者）側である「承役地」の登記簿との両方に一組となって登記されることにより成立します。両方とも乙区登記用紙に記載されますが、当然所有権の登記が甲区にされていなくてはなりません。

5　注意が必要な登記

▸▸▸Q34

権利部（甲区）で注意しなければならない登記には、どのようなものがありますか。

A　権利部（甲区）欄を見て注意しなければならないことは、「危険信号」といわれる次のような登記があるかどうかです。

❶仮登記（Q32参照）

仮登記は、後日の本登記のために、順位を保全しておくためのものです。したがって、仮登記がされているときは後順位で所有権移転登記をしても、後日、仮登記権利者が本登記をすれば仮登記権利者が優先順位者となります。この所有権に関する仮登記には、①所有権移転仮登記と、②所有権移転請求権仮登記とがあります。

このとき住所証明書の添付は不要です。本登記の際に提出して正しい住所で登記すればよいからです。

❷買戻特約の登記（Q35参照）

買戻権者は、この特約の登記後その不動産を買ったり、(根)抵当権を設定した人に対して買戻しをすれば、これらの権利を否定することができます。したがって、後順位で所有権移転の登記をしても、買戻権が行使されると買戻権者に所有権が移ってしまいます。

❸処分制限の登記

この登記には次のようなものがあります。

①　仮差押えの登記（Q36参照）

②　差押えの登記（Q38参照）

③　仮処分の登記（Q37参照）

④　国税・地方税の滞納処分による差押えの登記（Q39参照）

⑤ 破産の登記

これらの登記は民事執行法や民事保全法等の規定によりなされる登記で、その物件の所有関係について紛争があり、将来訴訟の結果その登記に変動の生ずるおそれのあることや、競売のはじまることを警告するためのものです。

以上のような登記のある物件については、これらの登記が抹消されてから売買や担保評価の手続をしなくてはなりません。

（注） 税金は登記簿に公示された債権に優先する

登記簿を見れば優先順位がすべてわかるというものではありません。実は登記簿に登記されていなくても、抵当権等の設定登記が国税等の法定納期限より後であれば、国税等が優先することになっています。

確定申告の納付期限は３月15日です。したがって、たとえば４月４日に抵当権の設定登記（設定契約の日でないことに注意）をした場合、この抵当権は法定納期限の日以降であり国税が優先することになります（国税徴収法８条)。地方税についても地方税法14条に同様の優先権が認められています。

このように、税法が定める理由は、納付すべき国税等のあることを知りながら（あるいは知らなくても知りうる状態にあるときは)、抵当権等の担保権を取得したときは、その担保権が国税等に劣後してもやむを得ないとしているのです。金融機関においては債権の回収のとき、国税等の優先分は回収見込み額から控除しなくてはなりません。

実務における対応は、納税証明書を提出させ滞納額のないことをチェックすることです。なお、法定納期限については、国税徴収法15条で法定納期限等とされており、上記法定納期限のほか、この期限後に納付すべき額が確定した国税（過怠税を含む）で更正通知書を受けたときや繰上げ徴収のとき（法人の解散の場合、納期限を繰り上げる）のように法定納期限前に課税額が確定する場合など、注意が必要です。

▸▸▸Q35

甲区に「買戻特約」の登記がされています。どのような注意が必要ですか。

A 買戻権《かいもどしけん》というのは、不動産の売主が売買契約と同時に買戻しの特約をすることによって、買主が支払った代金と、売買契約にかかった費用を返済してその契約を解除し、いったん買主のものとなった不動産を取り戻すことのできる権利のことをいいます（民法579条）。

売買による所有権移転登記と同時に買戻特約の登記をしたときは、この買戻権は第三者に対抗（主張）することができるとされています（民法581条）。たとえば、この特約の登記の後でその不動産を買った人や、その不動産に抵当権等を設定した人に対して買戻権を行使することによって、それらの人の権利を否定することができます。

❶買戻しの期間

買戻権の登記は、都市再生機構の分譲マンション等の登記簿でよくみかけますが、これは譲渡契約に付された条件に対する違反があった場合に備えるためのものです。

買戻しの期間は、不動産の権利関係を長く不安定な状態においておくことは好ましくないので、10年と定められています。契約でこれ以上長い期間を定めても10年に短縮されます。また、期間を定めなかったときは、５年以内に買い戻さなければ買戻権は消滅します。

❷買戻特約の登記簿の読み方

見本例をみてください。

順位番号１番で住宅・都市整備公団（現在は独立行政法人 都市再生機構）が所有権保存登記をし、順位番号２番で売買により買主に所有権移転登記をしています。同時に同じ受付番号「第33196号」で「買戻特約」が売買登記に「付記」して行われています。このように、買戻特約の登記は売買登記の付記として登記されます。

見本例　買戻特約の登記

権　利　部（甲　区）（所　有　権　に　関　す　る　事　項）			
順位番号	登記の目的	受付年月日・受付番号	権利者その他の事項
1	所有権保存	昭和62年８月22日 第33195号	所有者　東京都千代田区九段北一丁目14番６号 住宅・都市整備公団
2	所有権移転	昭和62年８月22日 第33196号	原因　昭和62年２月６日売買 所有者　○○市○○区○○二丁目９番16−406号 ○○
付記１号	買戻特約	昭和62年８月22日 第33196号	原因　昭和62年２月６日特約 売買代金　○○市○○区○○二丁目９番地１、10番地１、11番地１、家屋番号９番１の180の建物 （以上持分22972580分の100710） 同所９番地１、家屋番号○○二丁目９番１の175の建物とともに 総代金　金7,906万9,600円 支払済代金　金1,010万6,100円 契約費用　なし 期間　昭和62年２月６日から10年以内 買戻権者　東京都千代田区九段北一丁目14番６号 住宅・都市整備公団

このケースのように売買代金の分割払いの場合、買戻特約の登記申請の際にすでに支払済みの代金と総代金を記載することになっています。また、契約費用は登記事項ですから（売買契約について買主が支払ったもの。たとえば不動産の測量費や契約書の印紙代等）、契約費用がないときは、「契約費用　なし」と登記されます。これは、買戻特約の登記では買主が支払った代金および契約費用は、必ず登記しなければならない絶対的登記事項となっているからです。

買戻権の登記がされると、その後第三者にこの不動産が売却されたとしても、買戻権者は買主に対して買戻権を行使することができます。

買戻権の行使は、売買代金と契約費用を買主である現在の所有者に提供し解除する意思表示をすることによって、効力が生じます。したがって、買戻期間が経過していることの確認ができても、買戻権が期間内に行使されているという場合もありますので、実務で取引するときには抹消登記を確認してください。

▶▶▶Q36

甲区に「仮差押えの登記」がされています。どのような注意が必要ですか。

A　所有権や、所有権以外の権利を持っている人は、本来自由にその権利を処分することができるはずです。ところが、何らかの理由で、その権利の行使の制限を受けるということがあります。そして、このようなときには、その不動産について権利の行使が制限されたということを公示するために登記がなされます。このことを「処分制限の登記」といいます。

処分制限の登記には、仮差押えと仮処分の登記があります。

仮差押えと次の仮処分は、強制執行をあらかじめ確保しておく手続として民事保全法に定められています（同法47条、52条～54条）。

仮差押えとは、貸したお金を回収するのに債務者が任意に返済しない場合の将来の強制執行にそなえ、債務者の財産をあらかじめ差し押えておくことです。不動産の仮差押えの登記については裁判所書記官の嘱託により行われます。

この仮差押えがされた不動産を売却する等の処分も可能で、登記もできますが、将来強制執行がされれば、もちろんこれら登記は否定され所有権を失います。また、仮差押え債権者と話し合いがつけば、仮差押えを取り下げることで、登記簿にされた仮差押えの登記は抹消されます。

このような意味で、以下の登記は危険信号の登記簿ということもできます。

見本例のケースは、表示登記すらされていない債務者Ａ所有の不動産を債権者である株式会社甲銀行が仮差押えしたものです。このように仮差押えだけでなく、差押えの場合でも、差し押えられた不動産に表示の登記がなくても、また表示の登記はあるが所有権保存登記がされていなくても、直接差押えの登記をすることができます。

表示の登記もない場合、建物なら建物図面、各階平面図等を裁判所に提出し、裁判所からの嘱託により登記します。なお登記官は、登記の前に実地調査をすることになっています。

仮差押えの登記

権利部（甲区）（所有権に関する事項）			
順位番号	登記の目的	受付年月日・受付番号	権利者その他の事項
1	所有権移転	平成○年○月○日 第○○○号	原因　平成○年○月○日売買 所有者　住所 A
2	仮差押	平成○年○月○日 第○○○号	原因　平成○年○月○日東京地方裁判所仮差押命令 債権者　住所 株式会社甲銀行

▸▸▸Q37

甲区に「仮処分の登記」がされています。どのような注意が必要ですか。

A　仮差押えは金銭債権の保全を目的としていますが、金銭債権以外の権利を保全する手続が「仮処分」です。この仮処分には「係争物に関する仮処分」と「仮の地位を定める仮処分」とがありますが、ここでは不動産登記に関するものについてだけ説明しておきます。不動産の処分禁止の仮処分登記についても、裁判所書記官の嘱託により行われます。なお、この場合、債権者である登記権利者が2名以上であっても、各権利者についてその持分を記載することは要しないとされています。

処分禁止とは、対象となった不動産の譲渡や抵当権その他の担保権の設定、地上権等の用益権の設定、その他一切の処分の禁止のことです。

なお、この処分禁止の仮処分の登記のある不動産についても取引は可能ですが、仮処分権利者の権利行使により所有権を失うことになります。

見本例は、A所有の不動産に対して株式会社甲銀行が処分禁止の仮処分をえたことにより登記されたものです。

仮処分の登記

権　利　部（甲　区）（所 有 権 に 関 す る 事 項）			
順位番号	登記の目的	受付年月日・受付番号	権 利 者 そ の 他 の 事 項
1	所有権保存	平成○年○月○日 第○○○号	所有者　住所 　A
2	処分禁止仮処分	平成○年○月○日 第○○○号	原因　平成○年○月○日東京地方裁判所仮処分命令 債権者　住所 　株式会社甲銀行

▸▸▸Q38

甲区に「差押えの登記」がされています。どのような注意が必要ですか。

A　不動産に対する強制執行は、強制競売または強制管理の方法により行われます（民執法43条1項）。強制執行とは、国の強制力によって、私法上の請求権を強制的に実現する手続のことです。

強制執行の申立てには、強制執行の手続を行う執行裁判所か執行官に、執行文が付与された債務名義を提出することが要件となります。債務名義とは請求権を公証する文書であり、確定判決や仮執行宣言付判決、和解調書、調停調書などがあります（民執法22条）。

❶強制競売

強制競売は、不動産を売却して、その代金をもって債務の弁済にあてる執行方法です。

債権者は債務名義により、執行裁判所に強制競売を申し立てることができます。

執行裁判所による審査の後、競売開始決定がなされ、債務者の不動産などが差し押さえられます。

差し押さえられた不動産については、現況調査や評価を経て売却基準価額が決定され、それに基づき入札が行われます。

入札の結果、最高価買受申出人に売却許可決定がなされ、不動産の引渡しと債権者への配当が行われます。

強制競売の申立てによる差押えの登記

権　利　部（甲　区）（所　有　権　に　関　す　る　事　項）			
順位番号	登記の目的	受付年月日・受付番号	権利者その他の事項
1	所有権保存	平成○年○月○日 第○○○号	所有者　住所 A
2	差押	平成○年○月○日 第○○○号	原因　平成○年○月○日東京地方裁判所強制競売開始決定 債権者　住所 株式会社甲銀行

❷強制管理

強制管理は、裁判所が選任する管理人に不動産を管理させ、その管理人が収取した天然果実または法定果実をもって、債務の弁済にあてる執行方法です。

民事執行法で認められている金銭の支払いを目的とする債権についての強制執行の方法です（同法48条、111条、188条）。この場合も、不動産登記に関する部分だけについて説明しますと、この強制執行の申立てがあったときは、裁判所の嘱託により差押えの登記がなされます。

この場合、差押え後も債務者は第三者に売買、抵当権設定等の処分をすることができ、登記申請があれば受理されますが、差押えによる売却が行われれば、取得した権利を失うことになります。

❸担保不動産競売・担保不動産収益執行

不動産を目的とする担保権の実行は、担保不動産競売か、担保不動産収益執行の方法により行われます（民執法180条）。

担保不動産競売は、競売権に基づいて担保物件を売却し、その売却代金から優先弁済を受ける方法です。債権者はその不動産管轄の地方裁判所に対して申立を行い実行します。

担保不動産収益執行とは、債務の不履行が生じた場合に、担保不動産から発生する、賃料のような利益をもって債務の弁済に充てるというものです。担保不動産がビルや駐車場などのように大きい場合、価格も上がり買い手がつかない場合もあるので、より確実な収益をもって回収を行うという考え方です。

担保不動産競売の手続は、原則として「強制競売」に関する手続が準用され、担保不動産収益執行の手続については、原則として不動産執行における強制管理に関する手続が準用されます（民執法188条）。

◇担保権の実行としての担保不動産競売または担保不動産収益執行の開始決定に係る差押えの登記等

法務省民事局より、不動産登記等の事務の取扱いについて通達が出されています（平成16年３月25日）ので、必要な箇所を挙げておきます。

1　担保権の実行としての担保不動産競売又は担保不動産収益執行の開始決定に係る差押えの登記等

⑴　不動産を目的とする担保権の実行は、担保不動産競売若しくは担保不動産収益執行の方法により、又はこれらの方法を併用して行われる（改正法による改正後の民事執行法（以下「新民事執行法」という。）第180条）が、担保不動産競売又は担保不動産収益執行の開始決定に係る差押えの登記の目的の記載は、「差押」とし、登記原因の記載は、それぞれ「何地方裁判所（何支部）担保不動産競売開始決定」又は「何地方裁判所（何支部）担保不動産収益執行開始決定」とする。また、登記原因の日付は、いずれの場合も、当該開始決定がされた日である。

⑵　担保不動産競売における売却による登記及びこれに伴う差押えの登記の抹消の登記原因の記載は、「担保不動産競売による売却」とする。また、登記原因の日付は、買受人が代金を納付した日である。（以下略）

2　（略）

3　登記の記載

1の登記記載は、それぞれ別紙記載例の振り合いによるものとする。

以上のように、従来担保権の実行としての競売のときの登記記載例の原因は、「東京地方裁判所民事第二十一部競売開始決定」とされていましたが、資料の別紙記載例のようになりました。また、担保権の実行としての担保不動産競売における売却の登記の記載も、別紙記載例のように変わりました。

61ページの「担保権の実行としての差押・滞納処分による差押・売却および差押抹消の登記」と比較してみてください。

別紙記載例

①　担保不動産競売開始決定にかかる差押えの登記

権利部（甲区）（所有権に関する事項）			
順位番号	登記の目的	受付年月日・受付番号	権利者その他の事項
○	差押	平成○年○月○日 第○○○号	原因　平成○年○月○日○○地方裁判所○○支部担保不動産競売開始決定 債権者　○○市○○町○○番地 ○○○○

②　担保権の実行としての担保不動産競売における売却の登記

権利部（甲区）（所有権に関する事項）			
順位番号	登記の目的	受付年月日・受付番号	権利者その他の事項
○	所有権移転	平成○年○月○日 第○○○号	原因　平成○年○月○日担保不動産競売による売却 所有者　○○市○○町○○番地 ○○○○
○	○番差押登記抹消	平成○年○月○日 第○○○号	原因　平成○年○月○日担保不動産競売による売却

③　担保不動産収益執行開始決定にかかる差押えの登記

権利部（甲区）（所有権に関する事項）			
順位番号	登記の目的	受付年月日・受付番号	権利者その他の事項
○	差押	平成○年○月○日 第○○○号	原因　平成○年○月○日○○地方裁判所○○支部担保不動産収益執行開始決定 債権者　○○市○○町○○番地 ○○○○

▶▶▶Q39

甲区に「滞納処分による差押え」「競売による売却」の登記がされています。どのような注意が必要ですか。

A　納税者が国税や地方税を滞納した場合、国または地方公共団体は、滞納者の財産を「公売処分」することにより、強制的に納税させることができます（国税徴収法68条）。なお、不動産を差し押えたときは、差押えの登記を登記所に嘱託することとなっています。

不動産のときは公売処分の前提として、滞納処分による差押えの登記をします。この登記は、その徴税官公署の嘱託によって行われます。

なお滞納者である所有者は、差し押えられた不動産を第三者に譲渡したり、担保権を設定等したりすることも可能ですが、後で公売された場合、第三者は権利を取得できません。

たくさん登記されていますので順位番号にしたがって読んでいきましょう。

権利部（甲区）、順位３番でみるとおり、この不動産の所有者は株式会社Ａです。

なお３番付記１号および２号でＡの本店が２回移転し、その本店の移転の登記がされています。４番で甲信用金庫の仮差押えの申立てにより裁判所による嘱託登記がされています。

ついで、５番で株式会社乙銀行の担保権の実行による競売申立てがされ、裁判所の嘱託により差押えの登記がされました。つまりここには出ていませんが、乙銀行は昭和62年９月７日設定の根抵当権を取得しているのです。この担保権にもとづく競売申立てが行われたのです。

６番で税務署が滞納処分として差押えの登記をしました。７番、８番、９番に「参加差押えの登記」がされています。この例にある「参加差押」というのは、すでに滞納処分により差し押えられている場合には、二重の差押えをし、公売することができないことになっているため、先に差し押えた官庁に差押えに参加させてくれと申し入れ、配当の場合に交付を求める手続のひ

担保権の実行としての差押・滞納処分による差押・売却および差押抹消の登記

権利部（甲区）（所有権に関する事項）			
順位番号	登記の目的	受付年月日・受付番号	権利者その他の事項
3	所有権移転	昭和59年11月1日 第52679号	原因　昭和59年10月31日売買 所有者　○○○区○○一丁目○番○号 株式会社Ⓐ
付記1号	3番登記名義人表示変更	昭和61年9月5日 第50258号	原因　昭和61年1月6日本店移転 本店　○○○区○○○丁目○番○○号
付記2号	3番登記名義人表示変更	平成2年1月20日 第2139号	原因　平成元年12月1日本店移転 本店　○○○区○○○丁目○番○号
4	仮差押	平成元年10月26日 第55355号	原因　平成元年10月25日東京地方裁判所仮差押 債権者　○○○区○○○丁目○番○号 甲信用金庫
5	差押	平成2年3月8日 第11414号	原因　平成2年3月6日東京地方裁判所民事第21部競売開始決定 申立人　○区○○○丁目○番○○号 株式会社　乙銀行
6	差押	平成2年6月28日 第32525号	原因　平成2年6月26日○○税務署差押 債権者　大蔵省
7	参加差押	平成2年8月23日 第42669号	原因　平成2年8月17日東京都○○○都税事務所参加差押 債権者　東京都
8	参加差押	平成2年10月18日 第52545号	原因　平成2年10月16日○○市○区役所参加差押 債権者　○○市
9	参加差押	平成3年4月23日 第18975号	原因　平成3年4月19日東京都○都税事務所参加差押 債権者　東京都
10	所有権移転	平成3年7月20日 第33627号	原因　平成3年7月18日競売による売却 所有者　○○○区○○一丁目○番○号 Ⓑ
11	4番仮差押、5番差押登記抹消	平成3年7月20日 第33627号	原因　平成3年7月18日競売による売却
12	6番差押、7番8番9番参加差押登記抹消	余白	平成3年7月20日10番の登記をしたので滞納処分と強制執行等との手続の調整に関する法律第32条の規定により抹消

とつです（同法86条）。

10番をみてください。競売手続がすすむなかで、Bを買受人とする売却決定がなされ、代金納付により所有権が「平成3年7月18日競売による売却」を原因としてBに移転した登記です。

そして競売による売却により、11番、12番、そして権利部（甲区）の12番をみるとわかるように、差押え、仮差押え、担保権等すべてが抹消されています。この所有権移転から抹消登記まで、すべて裁判所書記官の嘱託によって行われます。

▸▸▸Q40

甲区に「真正な登記名義の回復の登記」がされています。どのような注意が必要ですか。

A　登記簿に所有者として登記されている者が真実の所有者でない場合、その登記を抹消する代わりに、所有権移転の方法をとる登記のことを「真正な登記名義の回復の登記」といいます。たとえば、A所有の不動産をAが知らない間にA→B→Cと所有権移転登記が順次された場合、各所有権移転登記の抹消の代わりに、AがCから直接に所有権移転登記を受けることです。

❶真正な登記名義の回復の登記とは

A所有の不動産をAが知らない間にA→B→Cと所有権移転登記が順次された場合、原則はまずB・C間でBを登記権利者、Cを登記義務者として、B・C間の所有権移転の登記を抹消したうえで、次にAを登記権利者、Bを登記義務者として、A・B間の所有権移転登記を抹消し、Aの登記名義を回復します。

しかし、このように手続をふむためには多くの人の協力が必要となります。また、Cの債権者が抵当権の設定登記をしているときには、Cの所有権を抹消すると抵当権も抹消されることになりますので、抵当権者（登記上の利害関係人といいます）の承諾が必要となります。

この承諾が得られない場合、所有権移転登記の形式によれば第三者の承諾書は不要ですから、「真正な登記名義の回復」を原因としてA名義とすることができます。もっともこのときは、抵当権がついたままの移転登記となります。

❷真正な登記名義の回復の登記簿の読み方

登記簿見本例をみてください。

このケースのように、所有権保存登記の場合も可能です。つまり、Ⓐ単有名義の所有権保存登記のうち10分の２をⒷと共有名義とするケースです。

見本例　真正な登記名義の回復の登記

権利部（甲区）（所有権に関する事項）			
順位番号	登記の目的	受付年月日・受付番号	権利者その他の事項
1	所有権保存	昭和58年12月16日 第39447号	所有者　〇〇区〇〇五丁目５番９号 Ⓐ
2	所有権一部移転	昭和59年１月26日 第2140号	原因　真正な登記名義の回復 所有者　〇〇区〇〇五丁目５番９号 持分10分の２　Ⓑ

登記簿上には示されませんが、Ⓐの持分は10分の８となります。

なお、「真正な登記名義の回復」という登記原因は本来存在しませんので、その日付の記載は不要とされています。

▸▸▸Q41

中間省略登記とはどのようなことですか。

A　中間省略登記とは、実態関係の変動の過程を省略して登記することです。たとえば、A→B→Cと順次移転（権利変動）した場合に、中間のBを省略して、A→Cと登記することを中間省略登記といいます。

不動産登記法は、物権変動を公示することが、その使命とされているため（民法177条等）、原則として、中間省略登記は認められていません。

ただし、次の５つの例外が認められています。

① 中間省略登記を命ずる判決に基づく登記申請による場合（昭和35年７月12日付け民甲第1580号民事局長通達、昭和39年８月27日付け民甲第2885号民事局長通達）

② 数次相続において、中間の相続が単独相続の場合（昭和30年12月16日付け民甲第2670号民事局長通達）

③ 登記名義人表示（住所・氏名・名称）変更登記において、中間の変更の登記を省略して、現在の住所・氏名または名称に変更する場合（昭和32年３月22日付け民甲第423号民事局長通達）

④ 不動産の表題登記の変更の場合（昭和32年３月22日付け民甲第423号民事局長通達参照）

⑤ 区分建物以外の建物の表題登記（不登法47条１項）の場合

6　抵当権と根抵当権

▸▸▸Q42

抵当権の順位変更の登記とはどのような登記ですか。

A　抵当権の順位変更とは、複数の担保権者間において、利害関係人のいる場合はその者の承諾を得て、その優先弁済権の順位を絶対的に変更することをいいます（民法374条１項）。抵当権や根抵当権の順位を設定登記の順位と異なる順位に変更することにより、変更後の順位にしたがって優先弁済を受けることができるようになります。

そして、この順位変更は登記をすることによって効力を生じます（同条２項）。つまり、関係者全員の合意や、利害関係人の承諾を得て「抵当権順位変更契約書」を作成しても、登記をしないと順位変更の効力は生じません。

❶関係者全員の合意

抵当権の順位譲渡や放棄は、その当事者間にしか効力が生じませんが（相対的効力）、順位変更は（根）抵当権者間に絶対的に順位の変更の効力を生じさせるものです。したがって合意当事者には、たとえば１番抵当権Ａ、２番抵当権Ｂ、３番抵当権Ｃを、１番Ｃ、２番Ｂ、３番Ａとするとき、Ｂは変更の前後で登記上の順位は変わりませんが、Ｂの合意も含まれます。Ａの債権額とＣの債権額のどちらが多い少ないに関係ありません。この点で次の利害関係人の承諾による取扱いと異なります。

そして、順位変更の登記は、変更の合意をした者全員が申請人となります。

❷利害関係人の承諾が必要

抵当権の順位変更について利害関係人のいるときは、その人の承諾書をつけます。利害関係人というのは、たとえば、１番Ａ、２番Ｂの抵当権を１番Ｂ、２番Ａとするときに、Ａの抵当権に転抵当権を設定している者など、後順位になることにより配当を受けられなくなるかもしれない不利益を受ける者のことです。

❸抵当権の順位変更の登記簿

登記簿の見本例をみてください。

変更登記は主登記でされ、変更のあった(根)抵当権の順位番号の下にカッコで囲んで4とします。登記簿を読むときに、何番で順位変更がされたかわかります。

ところで4番で抵当権の順位変更が行われた結果、現在どういう順位になっているのでしょうか。

抵当権の順位変更の登記

権利部（乙部）（所有権以外の権利に関する事項）			
順位番号	登記の目的	受付年月日・受付番号	権利者その他の事項
1 (4)	抵当権設定	平成○年○月○日 第○○○号	原因　平成○年○月○日金銭消費貸借 平成○年○月○日設定 (省　略) 抵当権者　○市○町○番○号 株式会社甲銀行
2 (4)	抵当権設定	平成○年○月○日 第○○○号	原因　平成○年○月○日金銭消費貸借 平成○年○月○日設定 (省　略) 抵当権者　○市○町○番○号 株式会社乙銀行
3 (4)	抵当権設定	平成○年○月○日 第○○○号	原因　平成○年○月○日金銭消費貸借 平成○年○月○日設定 (省　略) 抵当権者　○市○町○番○号 株式会社丙銀行
4	1番、2番、 3番順位変更	平成○年○月○日 第○○○号	原因　平成○年○月○日合意 第1　　3番抵当権 第2　　2番抵当権 第3　　1番抵当権

【参考】

1．順位の変更は、関係当事者間での優先弁済権の順位の変更ですから、権利部（乙区）の用益権者、権利部（甲区）の（仮）差押権者、仮処分権者、仮登記名義人との関係では効力を生ぜず、変更前の順位で優劣を決めることになります。

2．順位変更の態様には次のようなものがあります。

たとえば順位１番Ａ、２番Ｂ、３番Ｃと登記がされているときに、

①　Ｃ、Ｂ、Ａの順序にする場合

②　Ｃ、Ａ、Ｂの順序にする場合

③　Ｂ、Ｃを順位１番で同順位とし、Ａを順位２番とする場合

④　Ａ、Ｂ、Ｃを同順位にする場合、また逆に同順位でされているものを異順位にすることもできます。

３．順位変更の当事者

順位変更の当事者は誰かを判断する場合、優先弁済権の順位に変更が生じているかどうかを基準とします。

このケースでＢ、Ｃ、Ｄの順位をＤ、Ｃ、Ｂと変更する場合、

①　Ａは当事者とはならず、順位変更登記の申請人とはなりません。

②　Ｂの債権額とＤの債権額の多少にかかわらず、Ｃは当事者であり申請人となります。

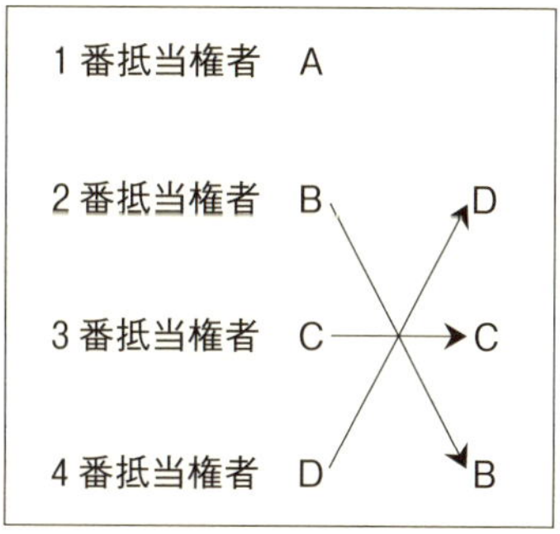

これはＣの順位に変更が生じていないようですが、変更前Ｃの優先弁済権はＢに劣後し、Ｄに優先していたものが、変更によりＤに劣後し、Ｂに優先するようになり、優先弁済権の順位に変更が生じているからです。

４．順位変更可能な担保権としては、①抵当権、②根抵当権、③不動産質権、④先取特権、⑤105条１号仮登記、105条２号仮登記を問わず仮登記された担保物権があります。

第１順位は３番抵当権、第２順位は２番抵当権、第３順位は１番抵当権となっています。登記簿上には、直接変更後の順位は登記されませんから、自分でチェックすることとなります。登記申請書の添付書類では「登記原因証明情報」として順位変更の契約証書がその書面となります。なお利害関係人の承諾の日が合意成立より後の日のときは、登記原因証明情報（順位変更契約書と承諾書）となります。

登録免許税は、順位の変更にかかわる(根)抵当権１件につき1,000円となります。

このケースでは１個の不動産上にある３個の(根)抵当権ですから3,000円です。不動産の個数が数個になれば、(根)抵当権の件数に不動産の個数を掛けることになります。

▸▸▸Q43

抵当権と根抵当権の違いについて教えてください。

A　抵当権については、Q31「権利部（乙区）の登記」ですでに説明していますので、ここでは根抵当権について説明します。

❶根抵当権とは

根抵当権とは、一定の範囲に属する不特定の債権を極度額の限度において担保する抵当権です（民法398条の２第１項)。つまり、根抵当権も抵当権の一種で、特別な担保物権としてあるものではありません。

民法398条の２から398条の22までが根抵当権に関する特則規定で、これらの規定が適用されないときは、抵当権に関する規定が根抵当権に適用されます。

①　不特定の債権を担保するという意味は、元本が確定するまでは、被担保債権は、発生・変更・消滅をくり返すことが可能です。したがって、普通抵当権と異なり、設定時に被担保債権となるべき債権がなくても、さらに発生する可能性ある債権として存在してなくてもさしつかえありません。

②　一定の範囲に属する不特定の債権を担保するというのは、設定契約で定められた担保すべき債権の範囲に属するもののみが担保されるという意味です。

③　極度額を限度とするというのは、設定契約で定めた一定の金額を限度として、優先弁済権の行使を認めるものです。したがって、配当時には

現実に被担保債権が存在していなければなりません。この点、普通抵当権と変わりません。

また、根抵当権を設定する場合、また変更する場合（極度額、債権の範囲、債務者、確定期日など）にも、普通抵当権と同様に、根抵当権者（債権者）と設定者の合意（設定契約）によってします。なお、住宅ローン借入れのときなどは設定者が債務者のときもあります。このときは(根)抵当権設定契約証書は(根)抵当権設定者兼債務者となっています。

目的物も普通抵当権と同じく、不動産所有権、地上権、永小作権、採石権です。

❷共同根抵当権

共同根抵当権とは、同一の債権の担保として、数個の不動産上に根抵当権を設定し、かつ、共同担保である旨の登記をしたもので、この場合には民法392条、393条の適用を受けます（民法398条の16）。したがって共同担保の旨の登記をしようとするときは、その旨の約定が必要です。一般には根抵当権契約証書に「……共同担保として……」と記載します。

共同根抵当権が成立するためには、極度額、債権の範囲、債務者が同一であること、さらに共同担保の定めの登記がされることが必要です。つまり、**登記**が共同根抵当権成立の**効力要件**となっているのです。

抵当権の場合、数個の不動産上に同一債権を担保するため、抵当権を設定すれば当然に共同抵当権となるので、この点が根抵当権と異なっています。

なお、既存の根抵当権の追加担保として他の不動産に根抵当権を設定し、その追加設定登記と同時に共同担保の定めの登記をすることもできます（後掲見本例①②参照）。

また、数個の不動産上の根抵当権が同一の債権を担保するものですから、各不動産上の極度額、根抵当権の被担保債権の範囲および債務者が同一であることが必要です（確定期日、優先の定めについては、同一であることは要しないとされています）。したがって、極度額、被担保債権の範囲および債務者の変更とか、根抵当権の譲渡をするときは、担保となっている不動産の全部について、その登記をしなければなりません。

実務でもよくある根抵当権の仮登記はできますが、共同根抵当権の仮登記は登記実務上は認められていません。

共同根抵当権の登記の公示方法としては、「共同担保目録」を登記官が作成し登記を行います。

❸累積式根抵当権

累積式根抵当権とは、数個の不動産上に、同一債権の担保として根抵当権を設定しますが、共同担保の旨の登記のない（契約書ではたとえば「……共同担保としないで」としています）根抵当権をいいます。

たとえば被担保債権の範囲および債務者を同じくする債権を担保するためにＡ、Ｂ２個の不動産に極度額1,000万円の共同根抵当権設定の登記がある場合、根抵当権者は共同抵当の場合と同様、Ａ、Ｂ２個の不動産から合計1,000万円しか優先弁済を受けることができません。

これが、もし共同担保の旨の登記がなければ、Ａ不動産から1,000万円、Ｂ不動産から1,000万円の、合計2,000万円の優先弁済を受けることができます。このように優先弁済額が合計されますので、この場合を累積式根抵当権と呼んでいます。

なお、累積式根抵当権の場合は、同一の根抵当権設定契約書で、数個の不動産に根抵当権を設定するときでも、同一の申請書では登記の申請はできません。

❹根抵当権設定および共同根抵当権設定の登記

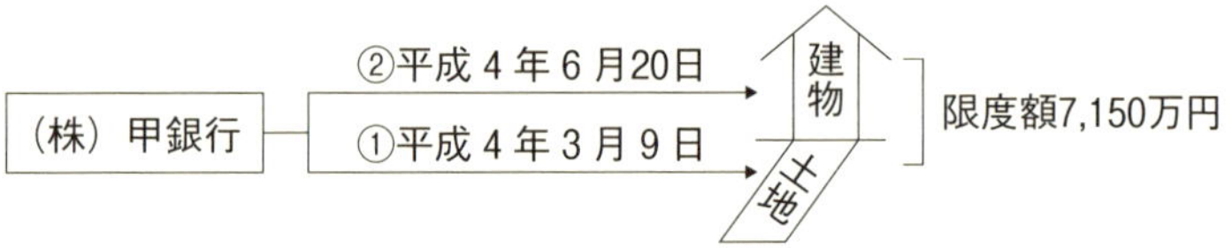

このケースは、最初に土地に根抵当権を設定し（見本例①）、その後、その土地の上に建物を新築、建物を追加担保とし、共同根抵当権を設定したものです（見本例②）。見本例①、②をみながら説明します。

見本例①　根抵当権設定および根抵当権追加担保の登記

権　利　部（乙　区）（所 有 権 以 外 の 権 利 に 関 す る 事 項）			
順位番号	登記の目的	受付年月日・受付番号	権 利 者 そ の 他 の 事 項
1	根抵当権設定	平成４年３月11日 第6912号	原因　平成４年３月９日設定 極度額　金7,150万円 債権の範囲　保証委託取引 債務者　○○区一丁目39番２号 　Ⓐ 根抵当権者　○○区○○三丁目５番12号 　株式会社甲銀行
付記１号	１番根抵当権担保追加	余　白	共同担保目録(ひ)第5689号 平成４年７月２日付記

見本例②　共同根抵当権設定の登記

権　利　部（乙　区）（所 有 権 以 外 の 権 利 に 関 す る 事 項）			
順位番号	登記の目的	受付年月日・受付番号	権 利 者 そ の 他 の 事 項
1	根抵当権設定	平成４年７月２日 第19842号	原因　平成４年６月20日設定 極度額　金7,150万円 債権の範囲　保証委託取引 債務者　○○区一丁目39番２号 　Ⓐ 根抵当権者　○○区○○三丁目５番12号 　株式会社甲銀行 共同担保目録(ひ)第5689号

⑴　根抵当権設定

最初に何の権利の設定かを表示します。登記の申請書には、共同根抵当権の場合は「共同根抵当権設定」とか、追加担保として共同根抵当権となった場合は、「共同根抵当権設定（追加）」としますが、最初の登記の目的としては、単に「根抵当権設定」と記載されます。共同根抵当権であるかどうかは、最後に共同担保目録の記載の有無により判断します。見本例②が最初から共同根抵当権で、①は追加担保により共同根抵当となったことがわかります。

⑵　受付年月日・受付番号

すでに説明してありますので省略します。

⑶　原　　因

登記原因は「設定」であり、その日付は根抵当権設定契約の成立の日です。

(4)　登記事項

極度額、債権の範囲、債務者の３つは絶対的登記事項といわれ、必ず登記しなければならないものとされています。

●極 度 額

根抵当権によって担保される元本、利息、損害金の最高限度額のことです。したがって元本が確定しても、極度額内であれば、確定後発生する利息、損害金のすべてを担保するということです（民法398条の３第１項）。

●債権の範囲

担保される債権の範囲（被担保債権）ですが、民法はその範囲を次のとおり規定しています（民法398条の２第２項、３項）。

①　債務者との特定の継続的取引契約によって生ずる債権……たとえば「平成○年○月○日付当座貸越契約」とか「平成○年○月○日付石油販売特約店契約」のように債権者と債務者との間において将来引き続いて継続して取引を行うことを約束し定めた契約

②　債務者との間の一定の種類の取引によって生ずる債権……たとえば銀行取引、信用金庫取引、保証委託取引、売買取引、手形貸付取引など、その内容が第三者にわかるようなものであればよいとしています。

③　取引によるのではないが、特定の原因にもとづき債務者との間に継続して生ずる債権……たとえば、特定の工場の排液によって継続的に生じる損害賠償債権

④　手形上、小切手上の請求権……これは、債権者と債務者との取引によって生じたものでないもの、いわゆる回り手形、回り小切手上の請求権も、とくにこれを根抵当権の被担保債権として定めたときは、これも担保すべき債権とすることができることとしたのです。

このケースでは債権の範囲として「保証委託取引」となっています。

皆さんが日常よくみかけるのは「銀行取引（あるいは、信用金庫取引、信用組合取引……）、手形債権、小切手債権」という記載のあるものでしょう。そこで、この「手形債権、小切手債権」についてもう少しみ

ておくことにします。

根抵当権による被担保債権の範囲は原則として債務者との取引により生ずるものとされましたが、そのほか例外を設けたのです。そのひとつが、ここに出てくる第三者から取得する手形上、または小切手上の債権です。とくにこれを被担保債権として定めた場合には、これも担保すべき債権とすることができるとしたのです。

具体的には、いわゆる回り手形、回り小切手のことです。たとえば、港北信用金庫と根抵当権を設定している山田さんが振り出した手形（小切手）が第三者の間で転々流通して福永さんが取得しました。福永さんはこの手形を港北信用金庫で割り引いてもらいましたが、山田さんが期日にその手形代金を支払えず、不渡りとなってしまいました。

この場合、債権者である港北信用金庫は債務者である山田さんに対し、手形上の請求権を取得しますが、これは債権者である港北信用金庫と債務者である山田さんとの間の取引によって生じたものではありません。したがって例外的に、こうした回り手形（小切手）も債権の範囲とするために、「貴金庫が第三者から取得する手形上、小切手上の債権」とし、手形債権、小切手債権として登記しているのです。

ただし、ここで注意しておくことは、このような回り手形等による請求権を無制限に認めると、根抵当権者が信用状況の悪化した債務者の振り出した手形を買い集めるなどして、他の一般債権者を害するおそれもありますので、支払停止等の事実が生じた後に取得したものは、担保されないこととなっています。

なお、金融機関の使用している契約証書の記載は、「貴行（貴金庫、貴組合……）が第三者から取得する手形上、小切手上の債権」とあります。これが登記簿に記載されるときは単に「手形債権・小切手債権」と登記することとされているのです。

⑤　特定債権……特定債権のみを担保するために根抵当権を設定することはできませんが、上記①〜④までの債権と一括して担保する場合は

債務引受を債権の範囲に追加した場合の登記

権利部（乙区）（所有権以外の権利に関する事項）			
順位番号	登記の目的	受付年月日・受付番号	権利者その他の事項
1	根抵当権設定	平成24年２月10日 第○○○号	原因　平成24年２月10日設定 極度額　　金5,000万円 債権の範囲　信用金庫取引　手形債権 小切手債権 債務者　○○区一丁目39　番２号 Ⓐ 根抵当権者　○○区三丁目５番12号 甲信用金庫
付記１号	１番根抵当権変更	平成24年４月10日 第○○○号	原因　平成24年４月10日変更 債権の範囲　信用金庫取引　手形債権 小切手債権 平成○年○月○日付債務引受契約（旧債務者○○株式会社）に係わる債権

できます。不特定債権＋特定債権は不特定債権だからです。

日常実務に出てくるものとしては、次のようなケースがあります。

第三者が債務者に対して有する債権を根抵当権者が譲り受けた場合とか、根抵当権者が第三者に対して有する債権について債務者が債務引受をした場合、これらの譲受債権や債務引受にかかる債権は根抵当権者が債務者との取引によって取得した債権ではないので、根抵当権によって担保するには特定債権として、根抵当権の被担保債権に加えなければなりません。

このとき登記簿には、債権譲渡の場合は「○年○月○日債権譲渡（譲渡人A）に係わる債権」、債務引受の場合は「○年○月○日債務引受（旧債務者B）に係わる債権」とします。「債務引受」の見本例をあげておきます。

- **債 務 者**

一般的に注意すべきことについては、抵当権の債務者の説明のところをみておいてください。ただし、債務者が２人以上いても抵当権のときと異なり、連帯債務者と記載しません。

また、債務者ごとに債権の範囲や根抵当権者を異にする登記もできます。

● 確定期日

確定期日というのは抵当権にはありません。これは前に説明しました根抵当権の性質から生まれたもので、もし確定期日を定めれば、その日以降生じる債権は、その根抵当権では担保しないこととし、その日をもって担保される債権を確定（特定）する役割をもっています。ただし、利息・損害金については極度額内であれば確定後も担保されます。

なお、確定期日の定めは、民法398条の6第1項に「根抵当権の担保すべき元本については、その確定すべき期日を定め又は変更することができる」とし、設定契約の日から5年以内とされています（同条第3項）。

根抵当権は、抵当権と異なり、複数の根抵当権者がいる準共有の場合でも、共有持分の登記というものはありません。根抵当権の確定前は、不特定債権を担保するものですから、持分という考えはないからです。根抵当権の準共有者間で「優先弁済の定め」をすることはできます（民法398条の14第1項）。

▸▸▸Q44

乙区の根抵当権に元本確定の登記がされています。「元本確定」の意味について教えてください。

A　根抵当権の元本確定とは、根抵当権によって担保される元本債権が具体的に特定することをいいます。したがって、確定後に発生する元本債権は、もはやその根抵当権によっては担保されません。

しかし枠支配としての性質は残りますので、その元本に対する利息、損害金等は、確定後に発生するものも、極度額に達するまでは、すべて担保されます。

根抵当権がそのまま普通抵当権となるわけではありません。この点、実務で誤って理解されているケースを見受けますので注意してください。

なお、元本確定は、根抵当権者にとってみれば、確定によってそれ以上自己の債権は担保されないという意味で、不利益であり、根抵当権設定者にとって、利益であると解されています。

❶元本確定の事由と確定の時期

確定する場合は次のとおりです。

(1)　確定期日の到来

確定期日を定めるかどうかは任意であるが、定めたときはその期日の到来したときに確定する。

(2)　確定請求（確定期日の定めがない場合）

①　根抵当権設定者の確定請求

根抵当権設定時から、３年過ぎたならば、元本の確定請求をすることができ、その意思表示が根抵当権者に到達したときから２週間を経過し

元本確定と代位弁済による移転登記

権利部（乙区）（所有権以外の権利に関する事項）			
順位番号	登記の目的	受付年月日・受付番号	権利者その他の事項
1	根抵当権設定	平成24年２月10日 第○○○号	原因　平成24年２月10日設定 極度額　金350万円 債権の範囲　　信用金庫取引　手形債権　小切手債権 債務者　東京都○区○○○六丁目８番18号　文山ビル702号室 Ⓐ株式会社 根抵当権者　東京都○区○○六丁目23番１号 甲信用金庫 共同担保目録㈠第9816号
付記１号	１番根抵当権元本確定	平成24年10月15日 第○○○号	原因　平成24年10月15日確定
付記２号	１番根抵当権一部移転	平成24年10月22日 第○○○号	原因　平成24年10月22日一部代位弁済 弁済額　金73万3,633円 根抵当権者　東京都○○区○○二丁目６番17号 乙信用保証協会

たときに確定する。

②　根抵当権者の確定請求

根抵当権者は元本確定請求をすることができ（民法398条の19第2項）、しかも、いつでも設定時より3年を経過しなくても確定請求があったときに確定する。

⑶　根抵当権者または債務者について相続が開始した場合に、相続開始後6カ月以内に指定根抵当権者または指定債務者の合意および合意の登記がないときには、相続開始のときに確定する（民法398条の8第4項）。

❷元本確定事由と元本確定登記の要否および元本確定後の登記

根抵当権の元本確定により、根抵当権の登記事項のうち、極度額を除き債権の範囲の変更、債務者の変更はできません。極度額の変更は確定の前後を通じてできる点に注意しておいてください。

また、根抵当権の処分（全部譲渡、一部譲渡、分割譲渡）、移転（根抵当権共有者の権利移転）等は、元本確定後はできません。

元本確定後は、被担保債権の元本と根抵当権の結びつきが特定しますので、今度は、Q45で説明する根抵当権の処分（民法398条の11第1項）の登記とか、代位弁済による根抵当権移転の登記ができることになります。これらの登記の手続は普通抵当権に準じて行えばよいのです。

この元本確定後でなければすることのできない登記の申請は、原則として、元本確定の登記（根抵当権設定者を登記権利者、根抵当権者を登記義務者として共同申請による）をした後でなければすることができません。また、この確定の登記は、確定したという事実を公示するもので、第三者に対抗するためのものではありません。

ここでは、代位弁済の場合の元本確定の登記と移転の登記簿見本例をあげておきます。

▶▶▶Q45

根抵当権の処分の登記とはどのような登記のことですか。

A　民法は、元本確定前においては、民法376条１項の規定（抵当権の処分）による根抵当権の処分をすることはできないとしています（民法398条の11第１項）。抵当権の処分とは、①その抵当権を他の債権の担保とすること（転抵当《てんていとう》）、②同一の債務者に対する他の債権者の利益のためにその抵当権を譲渡しまたは放棄すること（抵当権の譲渡または放棄）、③同一の債務者に対する他の債権者の利益のためにその抵当権の順位を譲渡しまたは放棄すること（抵当権の順位の譲渡または放棄）のことをいいます。

根抵当権は債権に対する付従性が否定されていますので、確定前の根抵当権にこれらの処分を認めると法律関係を複雑にするからです。そこでこれらに代わるものとして、根抵当権を被担保債権から切りはなして根抵当権を絶対的に処分する方法を認めました（下図の①～④）。

根抵当権の順位変更は、元本確定の前後を問わず可能ですから、元本確定後においてもその登記をすることができます。

元本確定と根抵当権の処分の登記

- 元本確定前の処分
  - ①　全部譲渡（民法398条の12第１項）
  - ②　一部譲渡（同法398条の13）
  - ③　分割譲渡（同法398条の12第２、３項）
  - ④　共有者の権利移転（同法398条の14第２項）
- 元本確定の前後を通じての処分
  - ⑤　順位変更（同法374条第２項）
  - ⑥　転（根）抵当（同法398条の11第１項）
  - ⑦　被担保債権の差押え・質入
- 元本確定後の処分
  - ⑧　根抵当権の譲渡・放棄（同法398条の11第１項）
  - ⑨　根抵当権の順位の譲渡・放棄（同上）
  - ⑩　債権譲渡・代位弁済による根抵当権移転

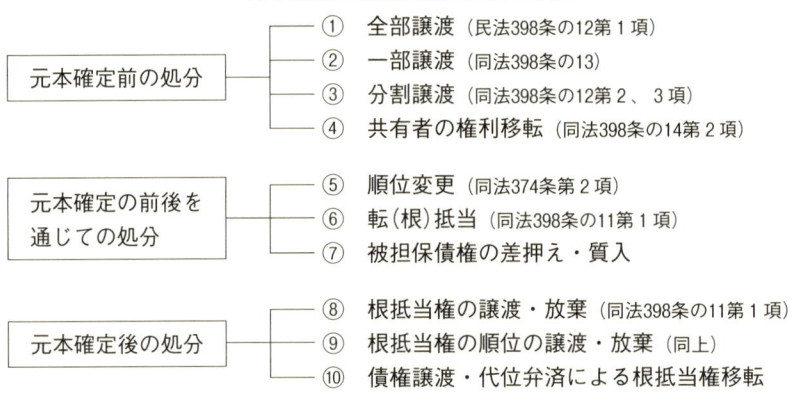

❶根抵当権の全部譲渡の登記簿

登記簿の見本例をみながら説明します。まず、この登記簿をどう読むのか、結論を最初に説明しておきましょう。

① 順位４番で登記された、債務者Ａに対する甲相互銀行（４番付記１号で甲銀行に商号変更しています）の極度額2,000万円の根抵当権は、設定者の承諾を得て（設定者の承諾が効力要件）平成４年２月10日全部譲渡により、譲受人である乙信用金庫に移転しました（４番付記２号）。

② 債権の範囲については、甲銀行と乙信用金庫とで違いますので、債権の範囲の変更もしています（４番付記３号）。

③ 以上のことから、譲受人である乙信用金庫の債権は、譲受け後に取得する債権はもちろん、譲受け前の既発生の債権もすべてが担保されます。

根抵当権の全部譲渡の登記

権利部（乙区）（所有権以外の権利に関する事項）			
順位番号	登記の目的	受付年月日・受付番号	権利者その他の事項
4	根抵当権設定	昭和60年４月10日 第18387号	原因　昭和60年４月８日設定 極度額　金2,000万円 債権の範囲　相互銀行取引　手形債権 　小切手債権 債務者　○○○区○○○丁目○番○号 　株式会社Ａ 根抵当権者　○○区○○○丁目○番○○号 　株式会社甲相互銀行 　（取扱店　支店）
付記１号	４番登記名義人表示変更	平成４年２月14日 第5732号	原因　平成元年２月１日商号変更 商号　株式会社甲銀行
付記２号	４番根抵当権移転	平成４年２月14日 第5733号	原因　平成４年２月10日譲渡 根抵当権者　○区○○○丁目○○○号 　乙信用金庫
付記３号	４番根抵当権変更	平成４年２月14日 第5734号	原因　平成４年２月10日変更 債権の範囲　信用金庫取引　手形債権 　小切手債権

（注）債務者をＡとする甲銀行より乙信用金庫への、根抵当権の全部譲渡

このように、根抵当権の全部譲渡（登記簿には、目的は「○番根抵当権移転」とし、原因は単に「譲渡」とのみ記載されます）というのは、元本の確定前に根抵当権という枠（極度額、ケースでは2,000万円）を被担保債権と切りはなして、根抵当権そのものを第三者に絶対的に移転させることです。したがって、もはや譲渡人の債権はその根抵当権によって担保されなくなり（甲銀行は無担保債権者となる）、譲受人である乙信用金庫が、その根抵当権を利用して自分の債権を被担保債権の範囲内で担保することになります。一方、譲渡人である甲銀行の債権は、譲渡前のものも含め一切担保されないことになります。

なお、元本が確定した後は、その根抵当権は特定の債権を担保することになり、不特定債権を担保するという根抵当権の性格が失われますから、譲渡は認められません。

❷根抵当権の分割譲渡の登記簿

登記簿の見本例をみながら説明します。

根抵当権の分割譲渡というのは、元本の確定前に根抵当権者が設定者の承諾を得てその根抵当権を２個の根抵当権に分割し、その一方を第三者に譲渡することです。具体的に資料をみながら説明しましょう。

甲銀行は順位１番で極度額１億円の根抵当権を有していますが、これを6,000万円と4,000万円の２個の根抵当権に分割し、極度額4,000万円の根抵当権を乙銀行に譲渡するという「根抵当権譲渡契約証書」を結びました。

その結果、甲銀行は6,000万円、乙銀行は4,000万円の根抵当権を同順位で取得していることになっているのです。

根抵当権の分割譲渡の登記

権利部（乙区）（所有権以外の権利に関する事項）			
順位番号	登記の目的	受付年月日・受付番号	権利者その他の事項
1(あ)	根抵当権設定	平成○年○月○日 第○○○号	原因　平成○年○月○日設定 極度額　金1億円 債権の範囲　銀行取引　手形債権　小切手債権 債務者　住所 株式会社A 根抵当権者　住所 株式会社甲銀行
付記1号	1番(あ)根抵当権変更	余　白	極度額　金6,000万円 分割譲渡により平成○年○月○日付記
1(い)	1番根抵当権分割譲渡	平成○年○月○日 第○○○号	原因　平成○年○月○日分割譲渡 （根抵当権の表示） 平成○年○月○日受付第○○○号 原因　平成○年○月○日設定 極度額　金4,000万円 債権の範囲　銀行取引　手形債権　小切手債権 債務者　住所 株式会社A産業 根抵当権者　住所 株式会社乙銀行

❸根抵当権の一部譲渡の登記簿

登記簿の見本例をみてください。根抵当権の一部譲渡とは、元本の確定前に根抵当権者が設定者の承諾を得て、その根抵当権の一部を譲渡し、譲受人とともにその根抵当権を（準）共有することをいいます（民法398条の13）。全部譲渡と異なり、譲渡人もなお根抵当権者として枠支配権を有することとなりますから、転抵当権者の承諾は不要です。

具体的に、見本例にそってみていきましょう。

順位6番で甲は債務者Aに対し極度額2,250万円の根抵当権を取得しています（付記3号で4,000万円に変更）。この根抵当権を一部譲渡し、乙と（準）共有することにしました（付記1号）。

根抵当権の一部譲渡の登記

権　利　部（乙 区）（所 有 権 以 外 の 権 利 に 関 す る 事 項）			
順位番号	登記の目的	受付年月日・受付番号	権 利 者 そ の 他 の 事 項
6	根抵当権設定	平成元年１月27日 第1861号	原因　平成元年１月26日設定 極度額　金2,250万円 債権の範囲　金銭消費貸借取引　手形割引取引　手形債権　小切手債権 債務者　○○区○○○一丁目２番19号 株式会社Ａ 根抵当権者　○○区○○○二丁目７番５号 株式会社甲 共同担保目録(い)第4726号
付記１号	６番根抵当権一部移転	平成元年３月２日 第5206号	原因　平成元年３月２日一部譲渡 根抵当権者　○○区○○○五丁目52番２号 乙株式会社
付記２号	６番根抵当権優先の定	平成元年３月２日 第5207号	原因　平成元年３月２日合意 優先の定　乙株式会社が株式会社甲に優先
付記３号	６番根抵当権変更	平成元年４月３日 第9686号	原因　平成元年３月30日変更 極度額　金4,000万円

なお、(準)共有根抵当権者間では「優先の定め」をすることができます。この優先の定めが「付記２号」でされており、「乙が甲に優先」すると登記されています。

7　相続に関する登記

▶▶▶Q46

相続の登記というのは、どのような場合にされる登記ですか。

A　権利部（甲区）の所有権移転登記でよくみかける登記のひとつに、この相続を原因とする所有権移転登記があります。

人が死亡すると相続が開始します。そして、相続の開始によって、相続人は、死亡した人（被相続人といいます）の持っていた一切の財産上の権利義務を引きつぎ、被相続人が不動産を所有していたときは、相続人がこの不動産を取得することになります。このときにする登記のことを「相続登記」といいます。

相続の発生と相続手続の流れ

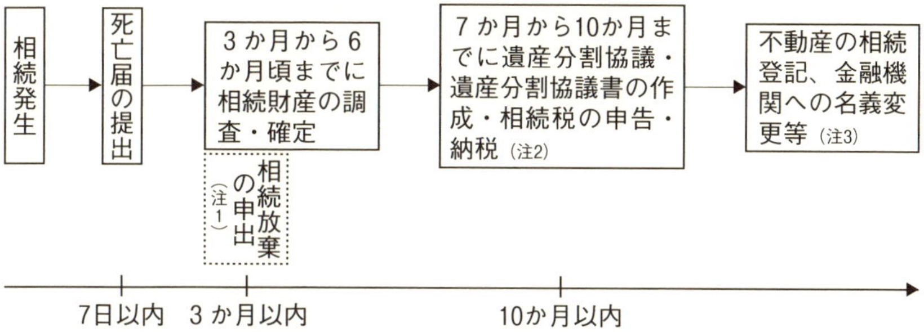

注1：民法915条、938条、939条を参照

注2：財産総額－債務および葬式費用＋生前贈与＝課税価格の合計額

課税価格の合計額＞基礎控除 → 申告要

課税価格の合計額≦基礎控除 → 申告不要

遺産にかかる基礎控除額の計算（平成27年1月1日以降）

3,000万円＋(600万円×法定相続人の数)

注3：相続登記は、いつまでにするという決まりはないが、すみやかにしておくことが望ましい。

▸▸▸Q47

相続人になる人とならない人を教えてください。

A　民法は、相続人を法律上画一的に定めています。これを法定相続人といい、２系列に分け、１つは被相続人と血縁関係にある「血族相続

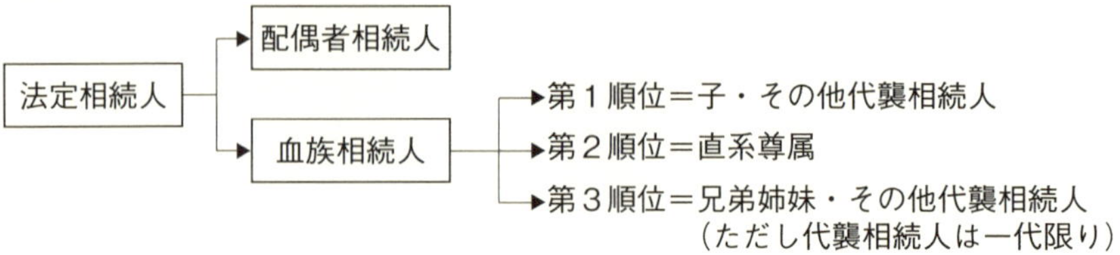

相続人になる人、ならない人

	相続人になる人	相続人にならない人
子	●実子（嫡出子・非嫡出子[注1]・胎児[注2]） ●養子	●認知されていない子 ●配偶者の養子 ●子の配偶者
直系尊属	●実父母 ●父方の祖父母、曽祖父母 ●母方の祖父母、曽祖父母 ●養父母 ●養父方の祖父母、曽祖父母 ●養母方の祖父母、曽祖父母	●配偶者の尊属 ●叔父、叔母
兄弟姉妹	●兄弟姉妹（異母・異父兄弟姉妹を含む） ●兄弟姉妹の代襲相続人	●配偶者の兄弟姉妹 ●兄弟姉妹の配偶者 ●従兄弟姉妹 ●親の配偶者の連れ子
配偶者	●妻（夫）	●内縁の妻（夫） ●先妻（夫）

（注１）非摘出子（婚姻していない男女間に生まれた婚外子）の遺産相続分を摘出子（法律上の夫婦の子）の半分とする規定を削除する民法900条の改正が平成25年12月に施行されました。

（注２）民法は、胎児の相続については、すでに生まれたものとみなす（886条１項）とし、死体で生まれたときは適用しない（同条２項）と規定しています。

人」、もう1つは被相続人の配偶者であることによって相続権が与えられる「配偶者相続人」です。表にまとめると前ページのとおりです。

▶▶▶Q48

誰がどれだけの財産を承継するか（相続分）について教えてください。

A　「相続分」とは、共同相続人が相続財産に対して有する権利義務の割合のことです。ここでは民法900条の法定相続分についてみていきます。

① 配偶者と子（第1順位）が相続人の場合
配偶者＝1／2、子＝1／2

② 配偶者と直系尊属（第2順位）が相続人の場合
配偶者＝2／3、直系尊属＝1／3

③ 配偶者と兄弟姉妹（第3順位）が相続人の場合
配偶者＝3／4、兄弟姉妹＝1／4

④ 配偶者がいない場合…子、直系尊属、兄弟姉妹のみが、それぞれ順位に従って相続しますが、父母の一方のみを同じくする兄弟姉妹の相続分は、父母の双方を同じくする兄弟姉妹の相続分の1／2です。

⑤ 配偶者しか相続人がいない場合…配偶者が全遺産を単独で相続します。

▶▶▶Q49

相続による所有権移転登記手続はどうするのですか。

A　相続による所有権移転登記にはさまざまなケースがあります。法定相続分の割合による法定相続のほか、遺産分割協議による相続、遺言による相続、相続放棄をした者がいる相続、特別受益者のいる相続、寄与分のあるときの相続などです。しかし、登記手続である登記申請書の作成方法はいずれも変わりなく、登記原因は「〇年〇月〇日相続（または遺贈）」（この

見本例　相続による所有権移転登記

権　利　部（甲 区）（所 有 権 に 関 す る 事 項）			
順位番号	登記の目的	受付年月日・受付番号	権 利 者 そ の 他 の 事 項
1	所有権保存	平成23年２月１日 第○○○号	所有者　住所 　Ⓐ
2	所有権移転	平成24年４月６日 第○○○号	原因　平成24年３月１日相続 共有者 　住所 　持分４分の２ 　Ⓑ 　住所 　４分の１ 　Ⓒ 　住所 　４分の１ 　Ⓓ

（注）被相続人Ⓐ、相続人ⒷⒸⒹ

場合の年月日は被相続人の死亡の日）と記載されます。

むずかしいのは相続人が誰かを確定する作業で、添付書類は、新法では登記原因証明情報で、旧法では「相続証明書」と記載していた、被相続人（死亡した方）の出生から死亡までの戸籍謄本、除かれた住民票の写し、相続人の戸籍謄本、住民票の写しです。このひとつひとつの書類をそろえることが大変です。

では、見本例としてあげている登記簿をみながら説明しましょう。

このケースは被相続人Ⓐの遺産を妻Ⓑ、長男Ⓒ、二男Ⓓが共同相続した場合の例です。登記簿には順位２番で「所有権移転」と記載されます。登記簿の受付年月日、受付番号の意味についてはどのケースも同じで、すでに前に説明をしてあります。

登記原因は「相続」、日付は被相続人が死亡した年月日（相続開始の日）が登記簿に記載されます。

次に、その不動産を取得する相続人の住所・氏名、相続分が、共有者として登記されます。

相続登記は日常業務においてもよく見かけますから、登記手続についても説明しておきましょう。

登記は登記権利者および登記義務者の共同申請によるのが原則ですが、相続による所有権移転の場合、相続人の資格は前述したとおり法定されています。さらに、相続の開始したことや、誰が相続人であるかということは添付書類である相続証明書（戸籍謄本等）によって明らかであり、相続人の単独申請によっても登記の申請を害されるおそれはありません。

したがって、相続登記は共同申請ではなく相続人だけでする単独申請です。また、別の角度からみて、そもそも相続は死亡のみを相続開始原因としていますから、登記義務者たる被相続人は存在しません。したがって、相続登記では死亡した本人の登記済証（権利証）や、登記識別情報は提出する必要はなく、紛失していても登記の申請ができます。

申請書および登記簿には、相続人が２人以上の場合は必ず相続分（共有持分）を記載します。相続による所有権移転では登記原因証明情報を添付書類とします。

「相続証明書」は、相続によって権利の移転のあったことや、登記申請人が相続人であることを証明するための書面です。

(1)　戸籍謄本

戸籍関係の書類として、相続を確定するために被相続人の戸籍謄本および相続人の戸籍謄本が必要となります。

なお、作成後３か月以内のものであることは要しません。また、戸籍謄本の記載からこの相続人以外になお、相続人がいるかも知れないと思われる場合には、その存否を明らかにするために除籍謄本が必要となります。

(注) 相続人確定のための戸籍関係書類として被相続人の出生から死亡の時までのものが必要となります。なお、「除籍謄本」というのは、本籍を移動したり、結婚し新戸籍を作ったり、他の戸籍に入ることにより、また死亡により同一戸籍に記載されている人全員がいなくなったとき、その戸籍は戸籍簿から除かれ除籍簿に移されますので、その謄本のことをいいます。

「改製原戸籍謄本」というのは、旧戸籍法によって作成されていた戸籍簿の謄本のことをいいます。

(2) 遺産分割協議書

遺産分割協議により、相続人のなかでどの不動産を誰と誰が相続するかを決めたときは、遺産分割協議書を作成します。この書面には相続人全員が署名し、実印を押し、印鑑証明書を添付します。この印鑑証明書は、作成後3か月以内であることを要しません。

(3) 特別受益証明書

共同相続人のなかに、被相続人から相続分と同等かそれを超過する遺贈または生前贈与を受けた、いわゆる特別受益者がある場合には、戸籍謄本のほかに、特別受益証明書を添付します。

つまり、これらの贈与あるいは遺贈された財産は、遺産に含まれますので、これらの者は相続を受けられないことになるからです。

この証明書は、その特別受益者が作成する「相続分がない旨の証明書」で、その人の印鑑証明書（作成後3か月以内であることは不要）を添付します。

なお、相続人からこの証明書を集めれば、実質的には遺産分割協議をしたと同じことになり、特定相続人が単独で登記することができます。

(4) 相続放棄申述受理証明書

相続人が「相続放棄」をするためには、相続があったことを知ってから3か月以内に家庭裁判所に相続放棄の申述をしなければなりません。相続を放棄した者は、その相続に関しては、初めから相続人とならなかったものとみなされます（民法939条）。

したがって相続人の全員または、共同相続人の中で相続の放棄をした者がいる場合は、戸籍謄本のほかに、この書面をつけなければなりません。

なお、相続人が1人もいない場合や、すべての相続人が相続を放棄した場合には、相続人が不存在となり（民法939条）、相続財産は国庫に帰属することになります。

その時期は、民法958条の3により、特別縁故者に分与されなかった残余相続財産を、一相続財産管理人が国庫に引き継いだ時です（同法959条）。

（注）特別縁故者

被相続人と生活をともにしていた者や被相続人の看病に努めるなど、被相続人と特別の縁故があった者のことをいいます。

⑸　遺《い》言《ごん》書《しょ》

被相続人の遺言書で相続分の指定がある場合は、戸籍謄本のほか、この遺言書を添付します。

なお、「相続関係説明図」という書類を作りそれを提出すれば、相続証明書（戸籍謄本と除籍謄本）は登記が終わると返してくれます。この手続のことを「原本還付」といいます。

相続の際の課税価格は、固定資産評価証明書に記載されている金額です。1,000円未満の端数がある場合は切り捨てます。登録免許税は課税価格の1,000分の4となっています。100円未満の端数は切り捨てます。1,000万円の場合は、4万円です。

▶▶▶Q50

平成29年5月からスタートした法定相続情報証明制度について教えてください。

A　近時、相続した不動産について相続登記がされていないケースが数多く存在していることが、東日本大震災からの復興に関連して報道されるなど、相続登記が社会的な関心を集めています。

相続登記が放置されているため、所有者の把握が困難となり、まちづくりのための公共事業が進まないなどのいわゆる所有者不明土地問題が顕在化しており、また、相続登記の未了は、適切な管理がされていない空き家が増加している大きな要因の一つであるとの指摘もされています。

当事者に所在不明の人などがいる場合、すぐに登記を含めた相続の手続をすることができず、相続分を確定することが困難となります。さらに相続が

２回以上重なると、誰が相続人となるのか、その調査だけで相当の時間がかかり、相続登記の手続費用や手数料も高額となってしまいます。相続の手続に時間がかかると、相続した不動産を売りたいと思ったときに、すぐに売ることができなくなるなど、思わぬ不利益を受けることがあります。

このような問題を解決するために、法務省は、相続登記を促進するために、法定相続情報証明制度を新設しました。

❶法定相続情報証明制度について

平成29年５月29日から、全国の法務局（登記所）において、各種相続手続に利用することができる「法定相続情報証明制度」が始まりました。

現在、相続手続では、亡くなられた方の戸除籍謄本等の束を、相続手続を取り扱う各種窓口に何度も出し直す必要があります。

法定相続情報証明制度は、登記所に戸除籍謄本等の束を提出し、あわせて相続関係を一覧に表した「法定相続情報一覧図」を出せば、登記官がその一覧図に認証文を付した写しを無料で交付します。

その後の相続手続は、法定相続情報一覧図の写しを利用することで、戸除籍謄本等の束を何度も出し直す必要がなくなります。

❷法定相続情報証明制度の手続

この制度を利用することができるのは、被相続人の相続人（またはその相続人）です。また、本制度の申出は、申出人からの委任によって、代理人に依頼することができます。委任による代理人については、親族のほか、弁護士、司法書士などの専門家に依頼することができます。

ただし、被相続人や相続人が日本国籍を有しないなど、戸除籍謄抄本を提出することができない場合は、本制度を利用することができません。

法定相続情報証明制度の具体的な手続は、次のとおりです。

(1)　必要書類の収集

必ず用意する書類

書類名	取得先
①　被相続人の戸除籍謄本（出生から亡くなるまでの連続した戸籍謄本および除籍謄本）	被相続人の本籍地の市区町村役場
②　被相続人の住民票の除票	被相続人の最後の住所地の市区町村役場
③　相続人の戸籍謄抄本（相続人全員の現在の戸籍謄本または抄本）	各相続人の本籍地の市区町村役場
④　申出人（相続人の代表となって手続を進める人）の氏名・住所を確認することができる公的書類	――

（注）被相続人の兄弟姉妹が法定相続人となるときなど、法定相続人の確認のために上記①の書類に加えて被相続人の親等に係る戸除籍謄本の添付が必要な場合があります。

必要となる場合がある書類

書類名	取得先
（法定相続情報一覧図に相続人の住所を記載する場合） ⑤　各相続人の住民票記載事項証明書（住民票の写し） 法定相続情報一覧図に相続人の住所を記載するかどうかは、相続人の任意によるものです。	各相続人の住所地の市区町村役場
（委任による代理人が申出の手続をする場合） ⑥−1　委任状 ⑥−2　（親族が代理する場合）申出人と代理人が親族関係にあることがわかる戸籍謄本（①または③の書類で親族関係がわかる場合は、必要ありません） ⑥−3　（資格者代理人が代理する場合）資格者代理人団体所定の身分証明書の写し等	⑥−2について、市区町村役場
（②の書類を取得することができない場合） ⑦　被相続人の戸籍の附票 被相続人の住民票の除票が市区町村において廃棄されているなどして取得することができない場合は、被相続人の戸籍の附票を用意してください。	被相続人の本籍地の市区町村役場

必ず用意する書類のうち、②の「住民票の除票」とは、他の市町村に引越したり、死亡したときに抹消された住民票で、転出前の住所地・死亡時の住所地で作成されるものです。住民票の除票の写しには、住民票に記載されている事項のほかに、転出の場合なら転出先の住所と異動年月日が記載され、死亡の場合には死亡年月日が記載されます。なお、住民票の除票は、法律で住民登録が抹消されてから５年間保存されることになっていますが、５年が過ぎると履歴が廃棄されるため、写しの交付を受けることができなくなります。

また、必要となる場合がある書類の⑦にある「戸籍の附票」とは、住所の移転履歴を記録した書類で、本籍地の市区町村役場で交付されます。住民票は住所の異動や世帯の構成を記録したもので、戸籍は出生・死亡・結婚などの身分事項を記録したものです。戸籍の附票は、住民票と戸籍を、住所の移転履歴によってつなぐ役割を果たします。

⑵　法定相続情報一覧図の作成

被相続人および戸籍の記載から判明する相続人を一覧にした図を作成します。法定相続情報一覧図の書式および記載例は法務局ホームページからダウンロードすることができます（明瞭に判読できるものであれば手書きでも可）。

⑶　申出書の記入、登記所へ申出

申出書に必要事項を記入し、⑴で用意した書類、⑵で作成した法定相続情報一覧図と合わせて申出をします。申出をする登記所は、以下の地を管轄する登記所のいずれかを選択することが可能です。

①　被相続人の本籍地（死亡時の本籍を指します）

②　被相続人の最後の住所地

③　申出人の住所地

④　被相続人名義の不動産の所在地

なお、申出や一覧図の写しの交付（戸除籍謄抄本の返却を含む）は、登記所の窓口のほか郵送によることも可能です。郵送による一覧図の写しの交付（戸除籍謄抄本の返却）を希望する場合は、その旨を申出書に記入したうえ、返信用の封筒及び郵便切手を同封してください。窓口で受け取る場合は、受取人の確認のため、「申出人の表示」欄に押印した印鑑を持参してください。

なお、平成30年4月1日から、法定相続情報証明制度の利用範囲の拡大のため、以下のとおり取扱いが変更されています。

⑴　被相続人との続柄《つづきがら》の記載について

法定相続情報一覧図には、相続人に関する情報として、被相続人との続柄を記載する必要があります。相続人が被相続人の子や配偶者である場合は、原則として戸籍に記載される続柄（たとえば、子であれば、「長男」、「長女」、「養子」など）を記載することとされました。

被相続人との続柄について、戸籍に記載される続柄を記載することで、原則として相続税の申告書の添付書類に法定相続情報一覧図を使うことができるようになりました。

なお、申出人の選択により、続柄について、子であれば「子」、配偶者であれば「配偶者」と記載することとしても差し支えはありません。ただし、この場合、相続税の申告等、法定相続情報一覧図の写しを利用することができない手続がありますので、注意が必要です。

⑵　被相続人の最後の本籍の記載について

法定相続情報一覧図には、被相続人の最後の住所を記載することとされていましたが、これに加えて、申出人の選択により、被相続人の最後の本籍も記載することができるようになりました。

⑶　相続登記等における相続人の住所を証する情報の取扱いについて

相続登記等の申請において、戸除籍謄本の束の代わりとして法定相続情報一覧図の写しを提供する際、一覧図の写しに相続人の住所が記載されている場合には、相続人の住所を証する情報（住民票の写し）を提供しなくても差し支えないこととされました。

●申出書の記入例

申出をする年月日を記入する（郵送による申出の場合には、登記所に申出書等が届いた日が申出年月日として取り扱われる）。

申出人の住所・氏名・連絡先および被相続人との続柄を記入する。氏名の横には、押印（認め印で可）をする。

一覧図の写しの利用目的をチェックまたは記入する。その他欄に記入する場合は、単に「相続手続」とせず、具体的な相続手続の名称（たとえば、「株式の相続手続」等）を記入する。

被相続人名義の不動産の有無をチェックする。「有」をチェックした場合は、不動産所在事項または不動産番号を記入する。なお、不動産が複数ある場合は、そのうちの一つを記入することで差し支えないが、「申出先登記所の種別」欄において申出先登記所を「被相続人名義の不動産の所在地」と選択した場合は、記入した被相続人名義の不動産が申出先登記所の管轄内のものである必要がある。

申出先登記所の登記所名を具体的に記入する（管轄の登記所は、法務局ホームページの「管轄のご案内」から調べることができる）。

法定相続情報一覧図の保管及び交付の申出書

（補完年月日　平成　　年　　月　　日）

申出年月日	平成　　年　　月　　日	法定相続情報番号	-　　-
被相続人の表示	氏　　名 最後の住所 生年月日　　　年　　月　　日 死亡年月日　　　年　　月　　日		
申出人の表示	住所 氏名　　　　㊞ 連絡先　　－　　－ 被相続人との続柄　（　　　　）		
代理人の表示	住所（事務所） 氏名　　　　㊞ 連絡先　　－　　－ 申出人との関係　□法定代理人　□委任による代理人		
利用目的	□不動産登記　□預貯金の払戻し □その他（　　　　）		
必要な写しの通数・交付方法	通　（□窓口で受取　□郵送） ※郵送の場合，送付先は申出人（又は代理人）の表示欄にある住所（事務所）となる。		
被相続人名義の不動産の有無	□有 □無	（有の場合，不動産所在事項又は不動産番号を以下に記載する。）	
申出先登記所の種別	□被相続人の本籍地　□被相続人の最後の住所地 □申出人の住所地　□被相続人名義の不動産の所在地		

上記被相続人の法定相続情報一覧図を別添のとおり提出し，上記通数の一覧図の写しの交付を申出します。交付を受けた一覧図の写しについては，相続手続においてのみ使用し，その他の用途には使用しません。

申出の日から３か月以内に一覧図の写し及び返却書類を受け取らない場合は，廃棄して差し支えありません。

（地方）法務局　　　　支局・出張所　　　　宛

※受領確認書類（不動産登記規則第２４７条第６項の規定により返却する書類に限る。）
戸籍（個人）全部事項証明書（　通），除籍事項証明書（　通）戸籍謄本（　通）
除籍謄本（　通），改製原戸籍謄本（　通）戸籍の附票の写し（　通）
戸籍の附票の除票の写し（　通）住民票の写し（　通），住民票の除票の写し（　通）

被相続人（亡くなられた人）の氏名・最後の住所・生年月日および死亡年月日を記入する。

（代理によって申出をする場合）代理人の住所・氏名・連絡先を記入し、申出人との関係が法定代理人・委任による代理人のどちらであるかをチェックする。

一覧図の写しの必要通数を記入するとともに、一覧図の写しの受取（戸除籍謄抄本の返却を含む）方法について、窓口で受取・郵送のどちらであるかをチェックする。なお、郵送による場合は、返信用の封筒および郵便切手が必要）。また、窓口で受取をする場合は、受取人の確認のため、「申出人の表示」欄に押印した印鑑を持参する。

申出をする登記所は、以下の地を管轄する登記所のいずれかを選択する。
①被相続人の本籍地（死亡時の本籍）
②被相続人の最後の住所地
③申出人の住所地
④被相続人名義の不動産の所在地

（記載例）

法定相続情報番号　0000−00−00000

被相続人法務太郎法定相続情報

最後の住所　○県○市○町○番地
最後の本籍　○県○市○町○番地
出生　昭和○年○月○日
死亡　平成○年○月○日
（被相続人）
法　務　太　郎

住所　○県○市○町○番地
出生　昭和○年○月○日
（妻）
法　務　花　子

住所　○県○市○町○番地
出生　昭和○年○月○日
（長男）
法　務　次　郎　（申出人）

住所　○県○市○町○番地
出生　昭和○年○月○日
（長女）
法　務　優　子

住所　○県○市○町○番地
出生　昭和○年○月○日
（養子）
法　務　三　郎

以下余白

作成日：平成○年○月○日
作成者：住所　○県○市○町○番地
氏名　○○　○○　印

これは，平成○年○月○日に申出のあった当局保管に係る法定相続情報一覧図の写しである。

平成○年○月○日
○○法務局○○出張所

登記官　○○　○○　職印

注）本書面は，提出された戸除籍謄本等の記載に基づくものである。相続放棄に関しては，本書面に記載されない。また，相続手続以外に利用することはできない。

整理番号　S00000　1／1

（注）法定相続情報一覧図の写しは，偽造防止措置の施された専用紙で作成される。

一覧図は、登記所において唯一の番号により保管・管理される。

相続人の住所は、任意記載のため、一覧図に記載されない場合もある。

作成者の署名または記名押印がされる。

頁番号および総頁数が振られる。相続人が多く、法定相続情報一覧図が2枚以上にわたる場合も想定。

最後の住所は、一覧図とともに提出される住民票の除票や戸籍の附票の除票により確認。

以下のとおり、申出日を含んだ認証文、一覧図の写しの発行日、登記所名等、登記官印、注意事項が印字される。

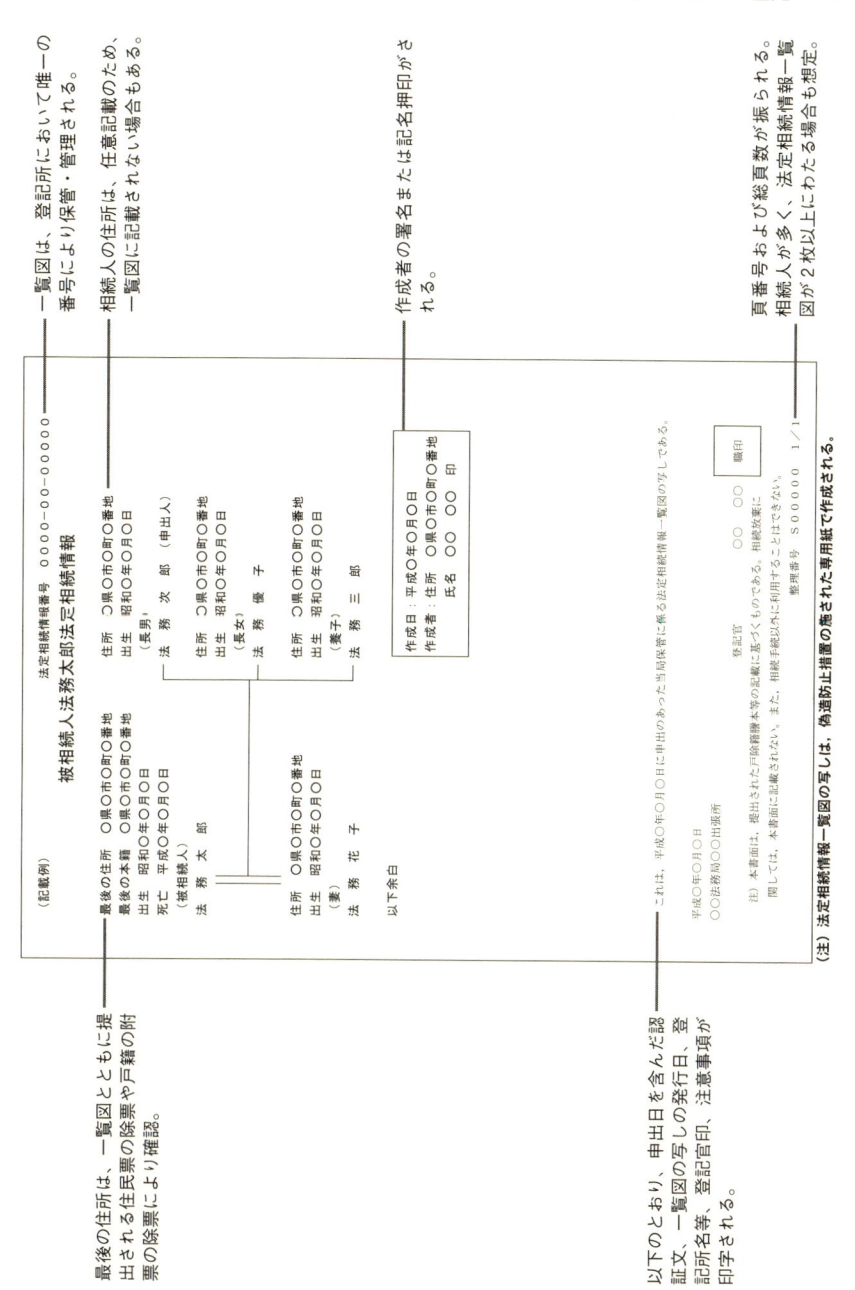

▶▶▶Q51

相続の登記はいつまでにしなければならないのですか。

A　いつまでにしなければならないという決まりはありません。法的な義務はなく、相続税申告と違って申請期限はありません。しかし、何年も登記をしないで放置しておくと、第２、第３の相続が発生して相続に関係する人が複数となったり（相続人が２桁になることも珍しくありません）、その間に紛争が生じたり、登記手続も複数となってしまう場合もあります。

- 家を売ろうとしたときに契約書を作成できない。
- 家を担保にお金を借りたくても、金融機関が応じてくれない。
- 他の決定相続人が心変わりして分け前を要求してくる。
- 年月が経過するほど決定相続人の数が増え遺産分割協議が困難になる。
- 隣りの人が境界確定を求めたとき、登記名義が故人のままだと直ちには応じられなくて隣人に迷惑をかけるなど。したがって、できるだけ速やかに登記手続を終わらせておくことがのぞましい。

なお、平成30年３月31日に公布された平成30年度税制改正により、相続登記の登録免許税の免税措置が創設されました。

個人が相続（相続人に対する遺贈も含む）により土地の所有権を取得した場合において、当該個人が当該相続による当該土地の所有権の移転の登記を受ける前に死亡したときは、平成30年４月１日から平成33年（2021年）３月31日までの間に当該個人を当該土地の所有権の登記名義人とするために受ける登記については、登録免許税が課されないこととなりました。

すなわち、登記名義人となっている被相続人Ａから相続人Ｂが相続により土地の所有権を取得した場合において（一次相続）、その相続登記をしないままＢが亡くなったとき（二次相続）は、Ｂをその土地の登記名義人とするための相続登記（一次相続についての申請）については、登録免許税が免税となります。

法改正情報　法改正と登記実務等への影響

平成30年７月22日に会期が終了した第196回通常国会では、例年になく多くの法律の制定や法改正が成立した。これらのうち、登記や不動産等に関係するものは次のとおりである。

- 相続法制を約40年ぶりに大幅に見直す民法等の一部改正
- 所有者不明の土地を有効利用するための所有者不明土地特別措置法
- 成人年齢を現行の20歳から18歳に引き下げる改正民法
- 空き家を旅館や保育所などに転用しやすくする規制緩和策を盛り込んだ改正建築基準法

ここでは、登記実務等にかかわりのある法改正の概要について解説していく。

1　民法・家事審判法の一部改正等（相続法制）

平成30年７月13日、「民法及び家事事件手続法の一部を改正する法律」（法律第72号）が公布された。民法のうち相続法の分野については、昭和55年以来実質的に大きな見直しはされてこなかったが、その間にも、社会の高齢化がさらに進展し、相続開始時における配偶者の年齢も相対的に高齢化しているため、その保護の必要性が高まっていた。今回の相続法の見直しは、このような社会経済情勢の変化に対応するものであり、残された配偶者の生活に配慮する等の観点から、配偶者の居住権を保護するための方策等が盛り込まれている。このほかにも、遺言の利用を促進し、相続をめぐる紛争を防止する等の観点から、自筆証書遺言の方式を緩和するなど、多岐にわたる改正項目が盛り込まれている。

⑴　配偶者居住権（公布日から２年以内に施行）

このうち、登記実務に大きな影響があるのが「配偶者居住権」の創設である。配偶者居住権は、配偶者が相続開始時に居住していた被相続人の所有建物を対象として、終身または一定期間、配偶者にその使用・収益を認めることを内容とする法定の権利で、遺産分割における選択肢の一つとして配偶者に配偶者居住権を取得させることができることとするほか、被相続人が遺贈等によって配偶者に配偶者居住権を取得させせることができることとされている。

また、居住建物の所有者は、配偶者居住権を取得した配偶者に対し、配偶者居住権の設定の登記を備えさせる義務を負うものとする。

これに伴い不動産登記法も改正され、同法３条の登記することができる権利に「配偶者居住権」が追加された。

⑵　自筆証書遺言の方式緩和等

全文の自書を要求している現行の自筆証書遺言の方式を緩和し、自筆証書遺言に添付する財産目録については自書でなくてもよいものとする（平成31（2019）年１月13日施行）。

同時に「法務局における遺言書の保管等に関する法律」も成立し、法務局において自筆証書遺言にかかる遺言書の保管および情報の管理を行う制度を創設するとともに、当該遺言書については、家庭裁判所の検認を要しないこととする等の措置を講ずることとされた（公布日から２年以内に施行）。

2　所有者不明土地特別措置法

平成30年６月13日、「所有者不明土地の利用の円滑化等に関する特別措置法」（法律第49号）が公布された。この法律は、所有者不明土地の利用の円滑化および土地の所有者の効果的な探索を図るため、国土交通大臣および法務大臣による基本方針の策定について定めるとともに、地域住民等の福祉事業等の実施のための利用権の設定、所有者不明土地の収用または使用に関する土地収用法の特例等の措置を講じることを目的としている。

また、不動産登記法の特例として、登記官が、長期間相続登記等がされていない土地（特定登記未了土地）である旨を登記簿に記録すること等ができる制度が創設された（公布日から１年以内に施行）。すなわち、登記官は、公共の利益となる事業を実施しようとする者からの求めに応じ、土地の所有権の登記名義人にかかる死亡事実の有無を調査し、当該土地が特定登記未了土地に該当し、かつ登記名義人の死亡後一定期間を超えて相続登記等がされていないと認めるときは、職権で、所有権の登記名義人の死亡後長期間にわたり相続登記等がされていない土地である旨等を登記に付記することができるものとされた。

8　登記の申請手続

▶▶▶Q52

登記の申請は書面でもすることができますか。また、登記の申請は法務局の窓口まで行かなくてはならないのですか。

A　不動産登記は、書面による申請のほか、オンラインによる申請も認められています。この両者は申請方法が異なるのみで、優劣の関係にはなく、つまり、オンライン申請を原則とするのではなく、書面申請（窓口申請と郵送、宅配便等による申請がある。不到着のリスクは申請人が負う）とオンライン申請が併存することになりました（不登法18条１号、２号）。また、書面による申請についても、出頭主義は廃止されました。

なお、権利に関する登記における当事者申請主義ならびに登記権利者および登記義務者による共同申請主義の原則はこれまでどおりです（不登法60条）。

▶▶▶Q53

登記の申請には、①共同申請、②単独申請、③合同申請とあるようですが、どういうことですか。また、「登記権利者」「登記義務者」とはどのような人をいうのですか。

A　不動産登記の申請の仕方には次の３つがあります。

❶共同申請の登記

権利に関する登記の申請は、原則として登記権利者および登記義務者が共同でしなければならないとされています（不登法60条）。

登記権利者とは、権利に関する登記をすることにより、登記上直接に利益を受ける者（新たな権利を取得するとか、すでになされている登記の権利内容が自分にとって利益となるように変更される者）をいいます（不登法２条12号）。たとえば売

登記権利者・登記義務者の例

登記の種類	登記権利者	登記義務者
売買による所有権移転	買　主	売　主
(根)抵当権設定	(根)抵当権者	(根)抵当権設定者(不動産の所有者)
根抵当権変更(極度額・債権の範囲・債務者)	根抵当権者	根抵当権設定者
(根)抵当権抹消登記	(根)抵当権設定者	(根)抵当権者
遺贈による所有権移転	受遺者	遺言執行者または相続人
根抵当権の元本の確定	根抵当権設定者	根抵当権者

買の登記では買主であり、(根)抵当権設定の登記では(根)抵当権者です。

登記義務者とは、権利に関する登記をすることにより、登記上直接に不利益を受ける登記名義人(権利を失うとか、すでにされている登記の権利内容が自分にとって不利益に変更される者)のことをいいます(同条13号)。この例でいえば、売主であり、(根)抵当権設定者(不動産所有者)です。

❷単独申請による登記

登記の性質上、登記権利者、登記義務者が存在しない場合です。

表示登記、登記名義人表示変更・更正の登記、所有権保存登記、相続または合併による所有権移転登記、嘱託による登記(処分禁止の仮処分)、仮登記などがあります。

❸合同申請による登記

登記権利者とも、登記義務者とも特定できない登記なので、全員を申請人としたものです。

例として、(根)抵当権の順位変更の登記、(根)抵当権共有者間の優先の定めの登記などがあります。

▸▸▸Q54

登記識別情報とは何ですか。また、権利証はもう使えないのですか。

A　登記識別情報とは、従来の登記済証（いわゆる「権利証」のこと）に代わる制度です。たとえば、不動産の売買による所有権移転などの登記が完了すると、新たな登記名義人となる申請人に対し法務局から「登記識別情報通知」というＡ４サイズの用紙が発行されます。

登記識別情報通知は、登記識別情報が記載されている部分を見えないようにするために目隠しシールが貼り付けられていましたが、平成27年２月23日から、登記識別情報を記載した部分が隠れるよう、Ａ４サイズの用紙の下部を折り込んで当該登記識別情報を被覆《ひふく》し、その縁をのり付けする方法に変更されています。

登記識別情報は12桁の英数文字の組み合わせで構成されており、次回の登記申請の際に、本人確認の手段として利用されます。12桁の文字それ自体が登記手続をするためのパスワードのような役割を果たす大切なものです。

現在、すべての法務局で「登記識別情報」への切り替えが完了していますが、権利証が廃止される前に登記された不動産の場合、これから先も権利証が重要な書類となります。

なお、登記識別情報とは別に、登記が完了したときに法務局から「登記完了証」が交付されますが、これは登記が終わったことの通知に過ぎず、登記識別情報も記載されていませんから、従来の登記済証（権利証）に代わるものではありません。

▸▸▸Q55

登記識別情報通知を失くしたり、盗難に遭った場合は、どうすればいいのでしょうか。

A　不動産の売却による所有権移転や抵当権の設定など、権利に関する登記を申請するときには、登記識別情報の提供または権利証の提出をしなければなりません。

ところが、権利証を紛失したり、登記識別情報を失念したりしても再発行

登記識別情報通知

登記識別情報通知

次の登記の登記識別情報について、下記のとおり通知します。

【不動産】
大阪市中央区上町一丁目４番８の土地

【不動産番号】
１２０００００９９５９５
【受付年月日・受付番号（又は順位番号）】
平成２７年１月１５日受付　第７３号
【登記の目的】
所有権移転
【登記名義人】
大阪市中央区上町一丁目１００番地
法務花子

（以下余白）

COPY

見　本

＊下線のあるものは抹消事項であることを示す。

平成２７年１月１６日
大阪法務局
登記官　　大　阪　登　記　官　一　郎　みほん 電子公印

記
登　記　識　別　情　報

4	4	A	T	3	W	P	3	7	X	C	N

この線で折り込まれ、フチが糊付けされる

[redacted]

はされませんから、それに代わる手続が必要となります。

従来は、権利証を紛失などした後で新たな登記をするときは、同一の法務局管内で登記した不動産を所有する２名以上の成年者による「保証書」という書面を作成して申請する制度がありましたが、法改正によりこの保証書制度は廃止されました。

現在、権利証の提出や登記識別情報の提供ができない場合には、①事前通知制度、②司法書士など資格者代理人による本人確認情報の提供、③公証人による認証のいずれかでよいことになっています。

❶事前通知制度

事前通知制度とは、登記名義人が登記識別情報を提供できない場合などに、今回の登記申請についての本人の意思を確認するために、法務局から申請人に対して書面を郵送し、一定期間内に、登記名義人から間違いない旨の申出があったときにはじめて登記を実行するという制度です。

❷資格者代理人による本人確認情報の提供

事前通知制度は、登記を申請した後に法務局から事前通知書が送付され、さらに一定期間内に返信をしなければいけないため、時間と手間がかかってしまいます。

そこで実務上よく使われるのが、資格者代理人による本人確認情報の提供です。これは、司法書士などが代理申請する場合に、申請者が間違いなく本人であることを証する「本人確認情報」を提供することによって、事前通知を省略することができるという制度です。実際には、司法書士等が本人と面談し、運転免許証やマイナンバーカードなどの提示を受けて作成します。

❸公証人による認証

印鑑証明書や実印、運転免許証及び認証文を付ける委任状を持って公証役場へ行き、数千円程度の認証手数料を支払って公証人に本人確認をしてもらう方法です。

また、登記識別情報通知（権利証）を紛失した場合や、他人に盗み見られるなどした場合に、登記名義人の登記識別情報を入手した他人がこれを悪用し、勝手に所有権の移転の登記や抵当権の設定の登記をしてしまうのではないかということが考えられます。このような登記の申請には、登記識別情報のほかに、印鑑証明書等の添付情報が必要となりますので、実印や印鑑証明書の管理をしっかり行っていれば、勝手に登記されるということはありません。また、登記識別情報を紛失しただけでは、登記記録上の権利には何らの影響もありません。

登記名義人ではない者が、他人の登記識別情報を用いて不正な登記を行うことは、一般的には容易なことではなく、仮に、登記名義人でない者が他人になりすまして不正な登記をしたとしても、その登記は無効であり、その行為は犯罪となります。

また、登記識別情報の盗難により、なりすまし等不正な登記をされるおそれがある場合には、法務局において「不正登記防止申出」制度を用意しています（不登準35条）。「不正登記防止申出書」の提出は、不動産の所在を管轄する法務局に出頭し、①登記名義人の印鑑証明書、②法人の場合は代表者の資格証明書および③代理人による場合には委任状をつけます。原則、登記名義人ご本人が自ら出頭する必要がありますが、やむを得ない事情により出頭できない場合には、その旨委任状に記載します。不正登記防止申出の有効期限は３か月です。

なお、「不正登記防止申出」があったことによって、申出にかかる登記の申請を却下するものではありません。あくまでも、登記官に本人確認の機会を与える端緒を与えるにすぎないことを留意する必要があります。

9　地図・公図・図面

▸▸▸Q56

「14条地図」とは何ですか。

A　登記記録（記録簿）だけでは、その土地の位置や区画を現地で特定することはできないため、「土地の位置、形状及び地番を表示するもの」として、不登法14条で備え付けを定めた地図のことを「14条地図」といいます。14条地図は、各筆界《ひっかい》点（境界点）の位置が、測量で使われる平面直角座標系による座標値をもって表され、災害地で土地の区画が不明確となっても、現地における筆界を容易に復元することが可能となるような精度の高い地図です（Q64参照）。

▸▸▸Q57

「地図に準ずる図面」とは何ですか。

A　14条地図は精度の高い図面であるため、作成するまでに相当な期間を要します。14条地図が登記所に備え付けられるまでの間、14条地図に代えて備え付けを認められた地図のことを「地図に準ずる図面」といいます（不登法14条４項）。14条地図に比べ格段に精度は落ちますが、「土地の位置、形状及び地番」が表示されています。

「地図に準ずる図面」の主なものとしては、「土地台帳付属地図」（地押《じおし》調査図、更正図、字限《あざきり》図などのいわゆる公図）、不登法14条地図に指定されていない国土調査による地積図、土地区画整理法による土地所在図、旧耕地整理登記令（明治42年）による整理確定図、旧都市計画法（大正８年）により施行された土地区画整理事業、興業団地造成事業、新住宅市街地開発事業による土地所在図、旧特別都市計画法（大正12年）に基づき実施された震災復興土地区画整理事業で整備された図面（震災復興図）、旧特別都市計画法（昭和21年）に基づき実施された戦災復興土地区画整理事業で整備された図面（戦災復興図）などがあります。

▸▸▸Q58

「公図」とはどのようなものですか。

A　一般的には、明治時代の地租改正作業により作製された地押調査図、更正図、字限図、一村限図などのことをいいます。公図の語源は明らかではありませんが、旧土地台帳法施行細則２条１項に規定されていた土地台帳付属地図を呼称する際の俗語であるといわれています。

▸▸▸Q59

公図が間違っていることはあるのですか。

A　あります。これは、埼玉県のある市の公図の一部で、登記所の公図が間違っており、後日、訂正されたものが送られてきたというケースです。

804番23の調査のため公図を徴求しました。市役所および登記所、現地で804番23の接面道路を調査したところ、次のようなことがわかりました。

804番１、804番30、804番31、804番40は道路位置指定を受けた道路でした。804番42は804番23とは別人の所有の宅地です。これでは804番23の所有者の建物は道路に接していないことになります。

これは公図が間違っていたもので、正しいのは②の公図です。申し出たところ、登記所で調査し、訂正したものを後日送ってきました。

① **公図写し**（誤記分）

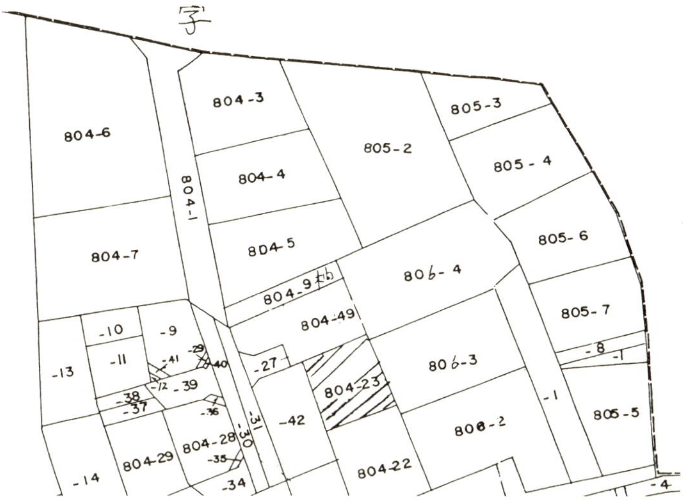

② **公図写し**（訂正分）

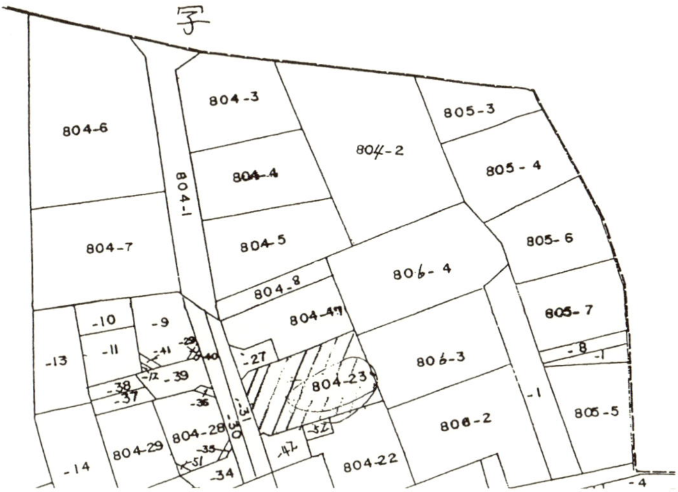

▶▶▶Q60

住宅地図と公図から物権の所在を特定するにはどうすればいいのですか。

A　①　**本文説明物件**（708－6、708－20）（687）**の住宅地図**

（株式会社ゼンリンの「住宅地図」より引用）

② 本文説明物件（708－６、708－20）（687）の公図写し

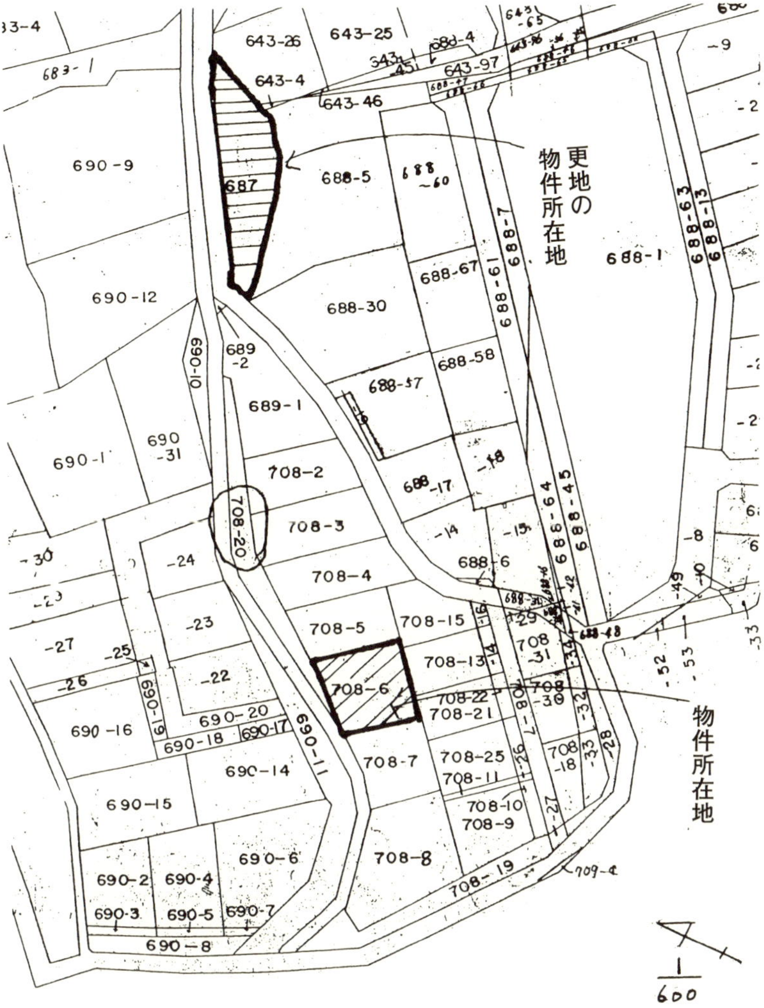

708番６（物件）は、③の登記事項要約書の表題部の原因及びその日付欄が「708番１から分筆」となっています。この土地の一角は708番１からいくつかに分筆されたものであることがわかります。そしてさらに公図上の土地の

③　本文説明物件（708－6、708－20）の登記事項要約書（上：新様式、下：旧様式）

登記事項要約書　土地

1	表題部	横　市　北区　原二丁目					
		708番6	畑	(旧)　101		708番1から分筆〔昭和39年8月31日〕	
			宅地	102	47	②③昭和40年2月20日地目変更〔昭和40年5月31日〕	
	権利部 所有権	横　市　北区　原二丁目28番15号　山　田　　治					昭和46年3月3日 第11306号
2	表題部	横　市　北区　原二丁目				708番20	
			宅地	52		708番1から分筆〔昭和39年10月13日〕	
			公衆用道路			②昭和46年2月3日変更〔昭和46年4月6日〕	
	所有者	横　市					昭和46年4月2日 第20939号

登記事項要約書　土地

1	表題部	横　市　北区　原二丁目					
		708番6	畑	(旧)　101		708番1から分筆	昭和39年8月31日
			宅地	102	47	②③昭和40年2月20日地目変更	昭和40年5月31日
	権利部 所有権	横　市　北区　原二丁目28番15号　山　田　　治					昭和46年3月3日 第11306号
2	表題部	横　市　北区　原二丁目					
		708番20	宅地	52		708番1から分筆	昭和39年10月13日
			公衆用道路			②昭和46年2月3日変更	昭和46年4月6日
	所有者	横　市					昭和46年4月2日 第20939号

形状が対象物件の周辺を含めて住宅地図と一致することも確認できます。

この住宅地図には住居表示も記載されていますので、土地登記簿の権利部（甲区）の所有者欄を見て、その土地の所有者と住居表示上の人物との関係も読むことができます（たとえば、所有者本人が住んでいるのであろうとか、所有者とは別人（借地人）が住んでいるであろうとか）。

なお、708番6の面している708番20が当然気になります。これも登記事項要約書をみたところ、地目は「公衆用道路」と変更されており、その所有者は「横　市」で問題のないことが確認できました。

▶▶▶Q61

更地の物件ですが、どうしたら特定することができますか。

A むずかしいのは更地の場合です。建物があれば住居表示番号で特定できますが、住居表示番号は建物が建たないとつきません。更地に住居表示番号とか地番とかの立看板でも立ててくれていると「ここだ」とわかるのですが、そんなことはしてありません。

こうしたケースでは、物件確認のおおよその方法としては前にあげている住宅地図の該当ページをコピーし、現地に出かけ該当物件の周辺の表札の出ている家と住宅地図でその表札の家とを照合し、さらに公図写しとも照合して物件を特定していくことになります。①および②の687番は、住宅地図と公図という形状の違いはありますが、こうして特定できます（前にも説明したように、公図上の形状はこのケースのように必ずしも正確ではありません）。

▶▶▶Q62

「地積測量図」とは何ですか。

A 地積測量図は、一筆の土地の地積に関する測量の結果（地番区域の名称、方位、縮尺、地番、地積及びその求積方法、筆界点間の距離、筆界点の座標値、境界標があるときは、当該境界標の表示など）を明らかにする図面であり、原則として250分の１の縮尺により作成されています（不登規77条）。土地の表題登記、地積の変更または更正の登記、文筆の登記の添付情報として（不登令別表参照）、あるいは地図等の訂正の申出をする場合に提供され（不登規16条５項）、原則として登記された後に、登記所に備え付けられます（不登規28条）。

したがって、地積測量図は、すべての土地について備え付けられているものではありません。

▶▶▶Q63

公図にある「赤線」「青線」とは何ですか。

A　公図上に赤く帯状で表示されているところが「里道《りどう》」です。道路法による道路（高速道路、一般国道、都道府県道、市町村道）に認定されていない、いわゆる「法定外公共物」道路のうち、無番地の道路をいい、「赤道《あかみち》」「赤線《あかせん》」ともいわれています。

この赤道は、公図を作製するときに民有地と区別するために赤色で色分けされたことに名前の由来があります。赤道は役所と関係者全員との間に現実の道路と交換する手続をとることになっています。公図も、そのあとで、現状と一致するものに書き換えられます。赤道等は国有地ですが管理は市区町村に委嘱されていることが多いので、その役所に出かけ調査をします。

青線（青地ともいう）は、登記所に備えられている公図に青線で表示されている地番のない水路のことで、河川法や下水道法の適用を受けないものです。

▶▶▶Q64

「筆界」「筆界特定」とは何ですか。

A　「筆界《ひっかい》」とは、一筆の土地を区画する線のことです（不登法123条1号）。土地が登記された際にその土地の範囲を区画するものとして定められた線であり、所有者間で勝手に変更することはできません。

「筆界特定制度」は、土地の所有者として登記されている人などの申請に基づいて筆界特定登記官が筆界を明らかにする制度で、土地の境界紛争を従来よりも迅速に解決することを目的として、平成18年に創設されました。筆界特定制度を活用することによって、公的な判断として筆界を明らかにできるため、裁判をしなくても筆界をめぐる問題の解決を図ることができます。

申請の手数料は、土地の価格によって決まります。たとえば、申請人の土地とその隣の土地の価格の合計額が4,000万円である場合には、申請手数料は、8,000円になります。

▶▶▶Q65

和紙公図の写真撮影はできますか

A　和紙公図とは、閉鎖された地図に準ずる図面のうち、和紙に墨で調製された旧土地台帳附属図面などのことです。

写真撮影することは可能ですが、和紙公図の電子化作業が完了し、和紙公図電子情報による写しの交付事務等の取扱いが開始されている場合には、当該和紙公図電子情報をもって和紙公図の写しを作成し、または閲覧に供することができるようになっていることから、原則として写真撮影はできません。

▶▶▶Q66

「縄のび」「縄ちぢみ」とは何ですか。

A　「縄のび」とは、実際の土地の面積のほうが、登記簿（土地台帳）上の面積よりも大きくなることをいいます。これは、いわゆる公図（字《あざ》切図《きりず》、村限図《むらきりず》など）の多くが、地租改正の際、税金（地租）を少なくしてもらいたい村民自らが作製した結果、公図上の土地の表示が現況よりも小さく作図されたことに原因しています。測量用具に縄が使用され、一結びを１間とするよう縄に結び目を付けるべきところを、村民らは縄の結び目を長くして、土地の面積が少なくなるよう測量を行ったことに起因します。

これに対して「縄ちぢみ」は「縄のび」の逆で、地租改正の際に官側の改組担当官の力が強かった地域や、傾斜地については、実際の土地の面積の方が、登記簿（土地台帳）上の面積よりも少なくなるという傾向がみられることを「縄ちぢみ」といいます。

10　記載内容その他

▸▸▸Q67

「昭和63年法務省令第37号附則第２条第２項の規定により移記　平成○年○月○日」と登記事項証明書に記載されていますが、どういう意味ですか。

A　紙の登記簿からコンピュータに登記記録を移記した旨の根拠条文を示しています。平成○年○月○日は、実際に移記の登記をした日を記載しています。

▸▸▸Q68

「不動産登記法第76条第１項の規定により移記　平成○年○月○日」と閉鎖謄本に記載されていますが、どういう意味ですか。

A　枚数過多により移記したことを示す根拠条文が記載されています。電子化されていない登記簿で、一登記用紙全部を通じて枚数が多くなった場合または表題部もしくは各区の枚数が多くなり、その取扱いが不便となった場合に、現に効力を有する登記のみを新用紙に移記することにより、その枚数を減少させ、公示の上での明確化を図ることとされています。

▸▸▸Q69

登記事項証明書に記載されている「代位者」とは何ですか。

A　「代位者」とは、本件が代位登記によって登記されたことを示すものです。代位登記とは、民法423条の規定に基いて、債権者が、自己の債権を保全するため、債務者に代位して、債務者の有する登記請求権を代わって行使し、登記申請を行うことをいいます。

「代位者」とは債権者を、「代位原因」とは、登記請求権の内容を意味しています。

▸▸▸Q70

所有権移転登記がされているのに、前所有者に下線が引かれていないのはどうしてですか。

A　不動産の登記記録の方法は、不動産登記記載例（通達）等により統一した処理が行われています。

そして、所有権移転登記を含む権利移転登記の場合には、移転にかかる権利の登記事項は、朱抹（抹消する記号を付すこと）すべきではないものとされているので（明治32年７月25日付け民刑局長回答）、所有権移転の登記がされても、前所有者欄に下線を引くことはしない取扱いとなっています。

▸▸▸Q71

「旧土地台帳」とは、どのようなものですか。

A　「旧土地台帳」とは、登記記録（登記簿）の表題部の前身で、旧課税台帳のことをいいます。

戦前、土地・建物台帳は、地租・家屋税の徴収の資料として税務署で所管していましたが、戦後、土地建物の課税は市町村の固定資産税に改められたことに伴い、土地台帳および家屋台帳は法務局に移管されました。しかし、法務局において、台帳と登記簿と２つの制度を併存させておくことは煩雑で弊害があったことから、台帳制度を廃止し、登記簿の表題部に従前の台帳機能を果たすことにより、台帳と登記簿の一元化が図られました。

一元化作業は、昭和46年３月31日をもって、全国すべての登記所において、その作業を完了しました。

一元化以降、台帳制度それ自体は廃止されましたが、一元化以前の土地の分合筆や地目の変更等の表示に関する変遷や登記簿が調製（登記）される以前の所有者の調査など、旧土地台帳の必要性は依然高いものがあります。

なお、家屋台帳については、保存する必要性が少なく、保存スペースなどの理由から廃棄処分がされ、現在保管されていません。

▸▸▸Q72

不動産の登記申請書の閲覧をしたいのですが、どうすればいいのでしょうか。

A　不動産の登記申請書の閲覧を希望する場合は、閲覧請求書に、①住所および氏名（請求人が法人の場合は、その代表者の氏名）、②閲覧請求する申請書の表示（申請年月日および受付番号など）および、③当該登記申請と利害関係がある理由を具体的に記載するか、またはその事由を記載した書面を提示のうえ、法務局の窓口に提出します。法務局において利害関係を有するか否か審査したうえ、利害関係があると判断した場合に限り、申請に応じています。なお、代理人が閲覧請求する場合には、代理権限証書（委任状）を提出します（不登規193条）。

１事件に関する書類につき450円の手数料がかかります（登記手数料令５条１項）。

登記申請書の保存期間は、登記申請書は30年とされています（不登規28条９号、10号）。保存期間を過ぎて廃棄手続がとられれば、利害関係の有無にかかわらず、物理的に申請書が存在しないこともありうるので、注意が必要です。

第Ⅱ編　商業・法人登記

1 総　論

▸▸▸Q73

商業登記とはどのような制度ですか。

A 商業登記という言葉は、不動産登記ほどには聞きなれない言葉かと思います。

商業登記というのは、会社や個人商人など商法に規定する商人が取引するうえで、重要な一定の事項を登記所に備えてある商業登記簿に記載等してする登記のことをいいます。

金融機関などでは、会社等の法人と融資取引を開始するときや、既取引先が組織変更をしたとき、また既取引先の取締役、代表取締役や監査役等の役員が変わった場合などに、その会社の登記簿などをとりよせて調べます。また、なんらかの取引をする場合、相手方の権利能力等を調査するために、商業登記制度のお世話になることとなります。

商業登記の制度が必要となったのは、近代社会の発展にともない、経済活動の面で不特定多数の商人間の取引が日常的になるにつれ、相手がどのような者であるかを公示する必要が生じてきたことによります。つまり、相手の商人について、取引の前に独力で調査することは大変ですし、また、こちらから取引相手の商人に対して自分のなんたるかをそのつど知らせることも、これまた面倒なことです。

そこで、あらかじめ商人についての一定の重要な事項（なにを登記すべきかは、会社法等で特定されています）を商業登記簿に記録して第三者に公示し、公示された事項は当然知っているものとすれば、取引する者にとっても便利です。

各登記については、登記すべき期間が定められています。また、登記期間経過後に申請した場合過料に処せられることはあっても、そのことのみをもって却下されることはありません。このように、取引の安全と迅速化をはかることを目的とすると同時に、商人自身の信用を保持するために設けられたのが商業登記制度で、1893（明治26）年７月１日から施行されており、すでに100年以上の歴史をもっています。

▶▶▶Q74

法人登記とはどのような制度ですか。

A　多くの人は、登記という言葉を聞けば、まず土地・建物等の不動産登記が頭にうかび、次に株式会社とか持分会社などの商業登記を思いうかべるのではないでしょうか。改めて法人登記などといわれても、どのような登記のことなんだろうと思われるかもしれません。ところが、実は身近にたくさんあるのです。

❶法人登記の目的と分類

法人登記とは、会社以外の法人に関する登記のことをいいます。この制度は、会社の登記と同様、法人に関する一定の事項を登記簿に記載し、これを第三者に公示することにより取引の安全と迅速をはかり、ひいては社会秩序を維持するために設けられました。

法人登記は次のように分類されます。

①　設立根拠法によるもの

一般社団法人、一般財団法人（一般社団法人及び一般財団法人に関する法律330条)、事業協同組合（中小企業等協同組合法103条)、宗教法人（宗教法人法65条)、独立行政法人（独立行政法人等登記令）

②　組合等登記令（25条）

医療法人、学校法人、商工会議所、信用保証協会、特定非営利活動法人、農業協同組合など

❷法人登記の手続および登記簿のとり方

商業登記では、実体上の手続はいわゆる実体法といわれる商法や会社法に

主として規定され、登記上の手続は手続法といわれる商業登記法および商業登記規則に規定されています。

ところが法人登記では、実体上の手続は、それぞれの法人の設立根拠法に規定され、しかも登記の手続についても、商業登記法のような、法人登記法といったすべての法人の登記手続を規定したものがありません。したがって、登記実務においても、その法人の根拠法、手続に関する法令を調べるのは大変です。

しかし、商業登記に商業登記規則があったように、法人登記にも法人登記規則というものがあり、これはすべての法人の登記に適用され、その５条では数多くの商業登記規則の準用を規定しています。

法人登記簿も、大きな法務局等を除き商業登記を扱う窓口へ行ってとることができます。申請書は商業登記と同じものを使えます。

参考：法人とは

「法人」とはなんでしょうか。読んで字のごとし、法律が作った人のことです。これに対し私たち生きている個人個人のことを、法律用語では「自《し》然《ぜん》人《じん》」といいます。

そして、自然人である私たちは、個人としてだけで仕事をするのではありません。何人かが一定の目的をもって集まり活動することの方が多いでしょう。

この団体のことを法律用語では、「社団」といい、その団体を構成するメンバーを「社員」と呼んでいます。また、一定の目的のために、提供された財産を運営するために作られた「財団」と呼ばれるものがあり、これらに対し権利能力を与えたのが「社団法人」であり「財団法人」なのです。

▸▸▸Q75

商業登記と不動産登記の違いについて説明してください。

A　商業登記は、経済取引を行う主体である商人（会社や個人商人等）についての公示制度であるのに対して、不動産登記は取引の客体である物権の権利関係を公示する制度であり、この点が基本的な相違点といえるでしょう。

このことから、不動産登記では登記権利者（その登記をすることによって登記簿上利益を受ける人）と登記義務者（その登記がされることによって登記簿上不利益を受ける人）による共同申請が原則ですが、商業登記にはこのような登記権利者・登記義務者という考え方はありません。登記の申請人は、原則として当事者（登記を受ける主体）である会社または個人商人です。また、商業登記は原則として登記が義務づけられていますが、不動産登記の場合、表示登記は義務づけられているものの、権利に関する登記は登記するもしないも自由です。そのかわり登記しないでいると自分が不利益を被ることがあります。

▸▸▸Q76

商業登記の種類について教えてください。

A 商業登記の登記簿は、不動産登記と同じくコンピュータに記録された登記記録を持って編成されます。不動産登記についての登記簿を「不動産登記簿」というのに対して、商業登記を記載する登記簿ですから、これを「商業登記簿」といいます。

次のように、登記記録は登記の種類ごとに作られています。

① 会社以外のものに関する登記

（1）商号の登記 → 商号登記簿

（2）未成年者の登記 → 未成年者登記簿

（3）後見人の登記 → 後見人登記簿

（4）支配人の登記 → 支配人登記簿

② 会社に関する登記

（5）株式会社の登記 → 株式会社登記簿

（6）合名会社の登記 → 合名会社登記簿

（7）合資会社の登記 → 合資会社登記簿

（8）合同会社の登記 → 合同会社登記簿

（９）外国会社の登記　→　外国会社登記簿

実際に登記所で扱うものは、会社に関する登記がほとんどを占めています。

❶商号の登記

ここにいう商号の登記は、個人商人の商号に関する事項の登記のことをいっています。各種の会社の商号も登記すべき事項ですが、それらの会社の商号は、設立登記（外国会社の場合は「営業所設置の登記」）の登記事項として定められています。

したがって、単に商号の登記という場合は、会社の商号の登記は含みません。

なお、個人商人の商号を登記するか、しないかは自由です。

❷未成年者の登記

20歳未満の未成年者が自分で営業する場合には、法定代理人（親権者とか未成年後見人）の許可が必要となります。この許可のあったことを公示するために設けられている登記のことです。

なお、平成30年６月20日、成人年齢を20歳から18歳に引き下げること等を内容とする「民法の一部を改正する法律」が公布、平成34年（2022年）４月１日から施行されることとなりました。

❸後見人の登記

後見人というのは、未成年者に対して親権を行う者がいないときとか、または、ある人が後見開始の審判を受けた場合に、それらの人の法定代理人となる人のことです。

その後見人が、被後見人（未成年者、または後見開始の審判を受けた者で、成年被後見人と呼ばれる）のために営業する場合に、その事実を公示するために設けられている登記のことです。

❹支配人の登記

支配人とは、営業主に代わって営業に関する裁判上、裁判外の一切の行為を行う商業使用人のことです。会社でいえば、支店長とか部長クラスの人が、支配人にあたるといえるでしょうが、実際にその人が、支配人にあたるかどうかは、支配人としての権限（代理権）を与えられているかどうかで決まります。

したがって、実務において支配人を取引の相手方とする場合は、商業登記簿により、支配人としてその人が登記されているかどうかを確認する必要があります。登記されていれば、印鑑証明書も徴求し、支配人名義で取引ができます。

なお、この支配人には、会社の支配人（会社法10条以下）と商法上の商人の支配人（商法20条以下）とがありますが、ここでは会社の支配人の場合をみていきます。

支配人の登記には「個人商人の支配人」と「会社の支配人」とがあります。ここでいう支配人の登記は「個人商人の支配人」（商法20条～24条）のことで、支配人登記簿にされます。

会社の支配人の登記は、会社の登記簿にされます。

▸▸▸Q77

商業登記にはどのような効力がありますか。

A 大きく分けると、以下の２種類に分類できます。

① 登記の一般的効力……公示力、公信力

② 登記の特殊な効力……形成力

❶登記の公示力とはなにか

登記の公示力というのは、商人の場合は商法９条１項（登記の効力）に、会社の場合は会社法908条に規定する効力のことで、登記しなければならない事項（事実）は、まだ登記がされていないときにはその事実が発生していても、そのことを善意の第三者に対して主張することができない効力のことです（したがって、悪意の第三者には主張できると条文から解釈できます）。

ここでいう「善意」というのは、その事実の発生していることを知らないことで、「悪意」とは知っていることです。

また、知らなかったことについて過失の有無は問わない、とされています。これは、商人と取引関係にある第三者を保護しようとするところからきています。

ところが同時に、登記すべき事項（事実）[注]について、登記がされた後は、悪意の第三者はもちろん、善意の第三者に対してもその事実が発生していることを主張することができます。

ただし、第三者が登記したことを知ろうとしても、正当な事由があって知ることができなかったときには、主張することができない、とされています。

なお、この正当な事由としては地震、風水害等の天災は認められますが、旅行とか病気などの主観的事情は含まれないと、一般的にはされています。

（注）登記すべき事項とは

登記事項とは、会社法、商業登記法等で、登記をしなければならないと定められている事項および登記をすることができると定められている事項のことをいいます。登記事項のことを、商業登記法では「登記すべき事項」とよんでいます。

なお、登記事項の中には、必ず登記しなければならないと定められている「絶対的登記事項」と、登記するか否かが商人の任意とされている「任意的登記事項」とがあります。会社に関する事項は原則として前者で登記が強制されており、これを怠ると登記懈怠《けたい》として100万円以下の過料に処せられます（会社法976条１号参照）。

これに対して個人商人に関しては登記するか否かが商人の任意とされており後者が任意的登記事項ですが、この場合も登記されるとその後変更が生じたときは、その変更の登記をしなければならない絶対的登記事項となります。

❷登記の公信力とはなにか

登記の公信力については、商人の場合は商法９条２項（不実事項の登記）に、会社の場合は会社法908条２項に規定する効力です。登記は本来、事実に基づいてされるものですから、事実とあわない登記は原則として無効で、なんらの効力が生じないはずです。

しかし、それでは、その登記が事実でないということを知らない第三者(善意の第三者)は不利益を受けることになり、取引の安全を害することになります。そこで、法律ではわざと、「故意または過失(不注意)によって真実でない不実のことを登記した者は、善意(真実でないということを知らない)の第三者に対して、登記した事項は真実でない、ということを主張することはできない」としました。

なお、この第三者は善意であれば過失の有無は問われないとされています。

具体例でみておくと、たとえば甲を取締役として選任した事実がないのに、取締役として選任した旨の登記をした場合、本来取締役ではないから、その登記を信じても効力を生じないはずですが、甲を取締役として選任した手続に故意または過失があれば、それを信じた善意の第三者に「甲は、本当は取締役ではないんだ」ということを主張できないということです。

不実の登記であっても、それを信頼した者にはその登記の効力を生じさせる力を「公信力」といいます。商業登記では、いま説明したように、故意・過失という条件はありますが、商法9条2項、会社法908条2項で公信力が認められているということです。

これに対して、不動産登記法では登記の公信力が認められておらず、不動産の場合、不動産登記簿には権利推定力しかなく「信ずる者は救われない」ことと比較して覚えておいてください。

❸登記の形成力とはなにか

商業登記においては、通常の場合は、いままでみてきたように登記によって効力が生じるものではなく、登記は発生した事実を公示するだけで、第三者に登記された事実を主張するためのものにすぎません。

ところが、次の事項はとくに法律によって登記することが、実質上の効力発生の要件となっています。これを登記の形成力または創設的効力と呼んでおり、会社の設立登記があります。

会社の設立の登記について、会社法49条は、会社は本店のある登記所で、設立の登記をしたときに成立(誕生)するとしています。

つまり、会社が成立して法人格を取得するためには、設立の手続を経たうえで設立の登記をすることが必要だということです。

なお、旧商法では、合併についても登記することが効力要件でしたが、会社法では吸収合併（合併により消滅する会社の権利義務の全部を合併後存続する会社に承継させるもの）については契約で定めた効力発生日に効力が生じる（同法２条27号、750条１項）とされました。実務界からの要望が強かったからといわれています。

新設合併（二以上の会社がする合併であって、合併により消滅する会社の権利義務の全部を合併により設立する会社に承継させるもの）については従来どおり、登記が効力要件となっています（２条28号、49条）。

新設合併の登記は、効力発生日から２週間以内に、新設合併存続会社の変更登記と新設合併消滅会社の解散登記を同時にしなければなりません。新設合併の効力は新設合併の登記申請をした日に発生します。そのため、法務局が開いていない土日祝日を効力発生日として定めることはできません。

2　登記事項証明書・登記事項要約書

▶▶▶Q78

商業登記簿謄本がほしいのですが。

A　（商業）登記簿謄本は、登記のコンピュータ化に伴い、現在は「登記事項証明書」に変更されています。したがって、履歴事項全部証明書、現在事項全部証明書または閉鎖事項全部証明書のいずれかを請求することになります。

▶▶▶Q79

履歴事項証明書、現在事項証明書、閉鎖事項証明書、代表者事項証明書はどのように違うのでしょうか。また登記事項要約書とはなんですか。

A　**❶登記事項証明書の種類**

登記事項証明書には、次の４種類のものがあります。

①　履歴事項証明書

現に効力を有する事項に加えて、請求のあった日の３年前の年の１月１日から請求の日までの間に抹消された事項等を（全部または一部について）証明するものです[注1]。

具体的には、吸収合併の登記等（会社履歴区に記載される登記事項）、設立または他の管轄登記所からの本店移転の登記等（登記記録区に記載される登記事項）および登記事項の抹消、廃止、役員の辞任または退任の登記等がこれに含まれます。

②　現在事項証明書

現在の役員の氏名など現に効力を有する事項（全部または一部について）および変更[注2]された直前の商号・本店の登記事項を証明するもの

です。

③　閉鎖事項証明書

他の登記所の管轄に本店が移転した会社の登記簿など閉鎖登記記録に記録されている事項（全部または一部について）および履歴事項証明書に記載されない請求のあった日の３年前の１月１日以前に抹消された登記事項を証明するものです。

④　代表者事項証明書

会社の代表者に関する事項を証明するもので、従来の代表者の資格証明書に代わるものです。

❷登記事項要約書

登記簿の閲覧制度は廃止され、新しく登記事項要約書の交付を請求するという制度になりました。この登記事項要約書は、現に効力を有する事項を記載した書面です。

登記事項要約書は区単位で請求することになりますが、１回の申請で請求することができる「区」の数は、「商号区」および「会社状態区」（登記がある場合に限られます）のほか、３区が限度です。

（注１） たとえば、平成30年４月１日に請求があった場合は、平成27年１月１日から平成30年４月１日までの間に抹消されたものが含まれています。

（注２） この意味は、現在の商号・本店に、現在の商号・本店に変更する前の商号・本店も記載されたものということです。

▸▸▸Q80

会社の登記事項証明書、登記事項要約書を取得したいので、交付請求の仕方を教えてください。

A　商業登記簿も不動産登記簿も、法務局（登記所）に置いてあります。そして、行政区画（市区町村など）を基準として定められている管轄登記所に行って、登記事項要約書なり登記事項証明書の交付を申請します。

ここで注意しなければならないのは、登記所によっては不動産登記だけしか扱っていないところもあるということです。また、行政区画と管轄登記所が異なる場合もあります。事前に電話等で問合せをしておいたほうがよいでしょう。

受付のカウンターの上には、「登記事項証明書・交付」と「登記事項要約書・閲覧受付」の窓口があります。閲覧するときは、あらかじめ収入印紙を貼ってださなければ、「収入印紙を貼ってください」といわれます（なお、類似商号の調査のための商号調査簿は無料です）。ただし登記事項証明書の申請は、交付されるときに収入印紙を貼ってもよいことになっています。

❶登記事項証明書

登記簿の謄本・抄本に代わるものとして「登記事項証明書」が発行されます。登記事項証明書の交付手数料は、登記簿謄本・抄本とも書面請求は１通600円です（オンライン請求・送付は１通500円、オンライン請求・窓口交付は１通480円）。

❷登記事項要約書

コンピュータ化により、商業登記簿の閲覧制度がなくなりました（ただし、閉鎖登記簿については残っています）。これに代わるものとして、登記事項要約書が発行されます。これは、現に効力を有する事項を記載した書面です。ただし、登記事項要約書には認証文（証明文）が付されませんので注意してください。交付手数料は１登記記録450円です。

▶▶▶Q81

会社法人等番号がわからないと証明書を取得できないのですか。

A 会社法人等番号を知らなくても、会社であれば本店および商号が、法人であれば名称および主たる事務所の所在がわかれば、証明書を取得できます。

会社法人等番号は、商業登記・法人登記の登記記録１件ごとに記録されて

登記事項証明書・登記簿抄本・概要記録事項証明書　交付申請書

会社法人用

登記事項証明書
登記簿謄抄本　交付申請書
概要記録事項証明書

※ 太枠の中に書いてください。

（地方）法務局　　支局・出張所　　平成　　年　　月　　日 申請

窓口に来られた人（申請人）	住所	豊島区池袋4－30－20
	フリガナ	ホウム　タロウ
	氏名	法務　太郎
商号・名称（会社等の名前）		日本商事株式会社
本店・主たる事務所（会社等の住所）		豊島区池袋4－30－20
会社法人等番号		（わかる人は記載してください）

収入印紙欄

収入印紙

収入印紙

収入印紙は割印をしないでここに貼ってください。
（登記印紙も使用可能）

※　必要なものの□にレ印をつけてください。

請求事項	請求通数
①全部事項証明書（謄本） ☑ 履歴事項証明書　（閉鎖されていない登記事項の証明） ※現在効力がある登記事項に加えて，当該証明書の交付の請求があった日の3年前の日の属する年の1月1日から請求があった日までの間に抹消された事項等を記載したものです。 □ 現在事項証明書　（現在効力がある登記事項の証明） □ 閉鎖事項証明書　（閉鎖された登記事項の証明） ※当該証明書の交付の請求があった日の3年前の属する年の1月1日よりも前に抹消された事項等を記載したものです。	1 通
②一部事項証明書（抄本） □ 履歴事項証明書 □ 現在事項証明書 □ 閉鎖事項証明書 ※ 商号・名称区及び会社・法人状態区は，どの請求にも表示されます。 ※ 必要な区を選んでください。 □ 株式・資本区 □ 目的区 □ 役員区 □ 支配人・代理人区 ※２名以上の支配人・参事等がいる場合で，その一部の者のみを請求するときは，その支配人・参事等の氏名を記載してください。 （氏名　　　　） （氏名　　　　） □ その他（　　　　）	通
③□代表者事項証明書　（代表権のある者の証明） ※2名以上の代表者がいる場合で，その一部の者の証明のみを請求するときは，その代表者の氏名を記載してください。（氏名　　　　）	通
④コンピュータ化以前の閉鎖登記簿の謄抄本 □ コンピュータ化に伴う閉鎖登記簿謄本 □ 閉鎖謄本（　　年　　月　　日閉鎖） □ 閉鎖役員欄（　　年　　月　　日閉鎖） □ その他（　　　　）	通
⑤概要記録事項証明書 □ 現在事項証明書（動産譲渡登記事項概要ファイル） □ 現在事項証明書（債権譲渡登記事項概要ファイル） □ 閉鎖事項証明書（動産譲渡登記事項概要ファイル） □ 閉鎖事項証明書（債権譲渡登記事項概要ファイル） 筆者注：第Ⅲ編Q131以下参照 ※請求された登記記録がない場合には，記録されている事項がない旨の証明書が発行されます。	通

交付通数	交付枚数	手数料	受付・交付年月日

（乙号・6）

登記事項要約書交付・閲覧　申請書

会社法人用

登記事項要約書交付／閲覧　申請書

※ 太枠の中に書いてください。

（地方）法務局　　支局・出張所　　平成　年　月　日 申請

窓口に来られた人（申請人）	住所	豊島区池袋4－30－20
	フリガナ	ホウム　タロウ
	氏名	法務　太郎
商号・名称（会社等の名前）		日本商事株式会社
本店・主たる事務所（会社等の住所）		豊島区池袋4－30－20
会社法人等番号		（わかる人は記載してください）

収入印紙欄

収入印紙

収入印紙

収入印紙は割印をしないでここに貼ってください。

（登記印紙も使用可能）

※該当事項の□にレ印をつけてください。

要約書	☑ 会社法人	※商号・名称区及び会社・法人状態区はどの請求にも表示されます。 ※請求できる区の数は上記のほか3個までです。 ☑ 株式・資本区 ☑ 目的区 ☑ 役員区 □ 支配人・代理人区 □ 支店・従たる事務所区 □ その他（　　）
	□ 会社法人以外	□ 商号登記簿 □ その他（　　）
閲覧		□ 登記簿　□ その他（　　） □ 閉鎖登記簿（　年　月　日閉鎖） □ 申請書（　年　月　日受付第　号） 利害関係：

交付通数	交付枚数	手数料	受付・交付年月日

（乙号・7）

いる会社・法人などの識別番号です。12桁の数字からなり、登記手続に使われます（商登規１条の２）。

商号と所在地がわかっている会社の会社法人等番号は、登記所に備え付けられている管轄区域内の会社の会社法人等番号を収録した帳簿（会社番号簿）を閲覧することで調べることができます。また、民事法務協会のインターネットサービス（登記情報提供サービス）や、法務省のオンラインシステム「登記ねっと」で、商号と所在地から会社法人等番号を検索することができます。

なお、法務省の所管する会社法人等番号（12桁）と、国税庁の所管する法人番号（13桁）とは別物ですが、会社法人等番号を有する法人の法人番号は、会社法人等番号の先頭（左側）に、12桁から計算される１桁のチェックディジットを置いたものになっています。

▸▸▸Q82

本店を移転したので、その証明書がほしいのですが。

A　本店の移転に関する登記事項証明書は、新旧の本店所在地が同一の管轄法務局か否か、本店移転の日と登記事務のコンピュータ化の日付の前後により、取得方法が異なってきます。そのため、申請書の余白に「本店移転のわかる証明書」などと記載しておくと、誤交付を回避しやすいでしょう。

本店移転の日がコンピュータ化移行後で、新本店所在地が旧本店所在地と同一管轄の場合、１回の本店移転であれば、現在事項証明書または履歴事項証明書のいずれかでかまいません。

証明書の中の本店欄に旧本店所在地（下線あり）、新本店所在地および本店移転の日の記載があります。数回、本店移転を行っている場合には、履歴事項証明書を請求するほか、本店移転の時期が３年以上前にさかのぼる場合など必要に応じ、閉鎖事項証明書も併せて取得して確認します。

本店移転の日がコンピュータ化移行後で、新本店所在地が旧本店所在地の登記所の管轄外の場合、履歴事項証明書を取得すると、登記記録区の欄に登記記録を起こした事由として本店移転の記載がされていますので、確認します。

▸▸▸Q83

自分の会社の登記事項証明書を自分以外に発行しないようにすることはできますか。

A　登記制度は、登記記録を公開することにより、取引の安全を図っています。法律上、手数料を納めれば、誰でも証明書を取得することができます。

▸▸▸Q84

会社の本店所在地はわかるが商号がわからないので、会社の本店から会社を特定したい。

A　いわゆる住所（本店所在地および支店所在地）から会社（商号または名称）を特定する検索機能は登記所では備えていないので、調べることはできません。

▸▸▸Q85

支店登記簿の登記事項証明書を請求したら、役員欄が載っていなかった。昔は、支店登記簿の謄本をとれば役員欄が載っていたので、そのつもりで請求した。これでは、請求目的を達成できないので、本店登記簿に差し替えてもらいたい。

A　会社法の施行に伴い、支店の登記は、商号、本店、会社成立の年月日（いわゆる「三登記事項」）に限って登記されています。その場でみて気がついたのであれば、差し替えてもらうことができます。

▶▶▶Q86

ある会社と合併したことや会社分割を行った事項が載っている証明書がほしいのですが、どのような証明書をとればよいのでしょうか。

A　合併や会社分割の有無、その年月日については、履歴事項証明書を取得すれば知ることができます。

会社合併や会社分割は、存続会社および（会社分割の）承継会社であれば、登記簿の会社履歴区に記載されます。また、新設合併や新設分割の場合には、登記簿の登記記録区に登記記録を起こした事由として記載されています。

▶▶▶Q87

会社が倒産しているか調べたいのですが、どのような証明書をとればよいのでしょうか。

A　倒産という文言は登記簿には記録されていません。破産法・会社更生法・民事再生法等、一般に倒産法といわれる法律の適用がある場合には、その事実は会社（法人）状態区または役員区の監査委員・保全管財人・管財人等の部分に記載されます。不渡りを６カ月以内に２回出して銀行取引停止処分を受けたり、経営者が行方不明である等の事実が存在しても、倒産法の適用を受けていない会社法人については、通常の状態の登記簿と変わらないものが発行されることになります。

▶▶▶Q88

破産しているはずなのに、登記事項証明書に破産管財人が記載されていないのはなぜですか。

A　破産管財人が登記事項となったのは、平成17（2005）年の改正破産法の施行からです。それ以前に破産宣告（現在は「破産手続の開始」）を受けた事件は、破産管財人の登記はされていません。破産管財人を調べるには、裁判所に問い合わせることになります。

▶▶▶Q89

代表取締役の住所・氏名などの個人情報を登記事項証明書に載せないでほしいのですが。

A　登記は、一定の事実や法律関係について、これらを正確かつ迅速に登記簿に公示し、広く社会一般に公開することによって、一般経済取引の安全と円滑等に寄与しています。

代表取締役は、会社の代表者として（会社法349条）、業務を執行する（同法363条）重要な職責を担うことから、法律は、代表取締役の住所・氏名を登記事項とし（同法911条３項14号）、架空の人物を登記することを防止しています。

代表取締役の重要な職責と登記制度の公開の趣旨から、代表者の住所を記載公示することについては、個人情報の保護に反するものではありません。

▶▶▶Q90

破産会社の代表取締役の代表者事項証明書および印鑑証明書は取れないと言われました。どうしてですか。

A　会社と代表取締役（取締役等役員）との関係は、民法の委任に関する規定に従うことになっています（会社法330条）。委任者である会社が破産手続開始の決定を受けると委任関係は終了しますので（民法653条２号）、破算手続開始決定当時の代表取締役の代表権は喪失され、代表者登記事項証明書および印鑑証明書を発行することはできません。

▶▶▶Q91

会社ではなく個人で商売をしていますが、自分のところの登記事項証明書の交付を受けることはできますか。

A　個人事業主で商業登記または、個人支配人登記、未成年者の登記または後見人の登記を受けている人であれば、その人にかかる商業登記簿は存在します（この登記はするもしないも自由とされています）。したがって、登記事項証明書を発行することができますが、個人事業主が前述の登記を行っていない場合には、その人にかかる登記簿は存在しないので、登記事項証明書は発行できません。

▶▶▶Q92

病院の名称しかわからない医療法人の謄本がほしいのですが。

A　医療法人の登記事項証明書（謄本）を取得するには、医療法人の名称および主たる事務所の確認が必要です。病院名から医療法人の名称を特定する検索機能が登記所にないので、都道府県で公開している医療法人名簿等から調べる必要があります。

▶▶▶Q93

銀行の合併した履歴の謄本がほしいのですが。

A　銀行の合併の履歴によっては、数次合併をしている場合があり、1通で履歴が追えないこともあります。合併の事項は、会社履歴区または登記記録に関する事項で確認することになります。

3　資格証明書・印鑑証明書、印鑑カード、印鑑

▶▶▶Q94

資格証明書とは何ですか。

A　資格証明書とは、会社法人の代表権に関する証明書のことであり、具体的には「代表者事項証明書」が該当します（商登規30条１項４号）。登記事項証明書交付申請書に、とりたい会社（法人）の本店（主たる事務所）および商号（名称）を記載し、「代表者事項証明書」の欄をチェックのうえ、１通1,000円の収入印紙を納めれば取得することができます。会社代表者が数名の場合は、原則全員につき証明しますが、その中の一人を指定する方法（証明）もできます。

▶▶▶Q95

印鑑証明書とはそもそもなんですか。個人の印鑑証明書と、どう違うのですか。

A　会社・法人の代表者等があらかじめその印鑑を登記所に提出しておかなければならないのは、後日変更の登記等の登記申請があった場合に、この届出印鑑と登記申請書に押印された印鑑を登記官が照合し、その登記申請の真実性を担保するためです。

これに対し個人の印鑑は、もっぱら実印であることの証明のために市区町村が発行する制度です。会社の印鑑をあらかじめ登記所に提出するときの「印鑑届書」にも、代表取締役個人の実印を押印し、作成後３カ月以内の市区町村発行の印鑑証明書を添付し、真実性を担保することになっています。

会社は、代表取締役が２名以上いる場合は各人が実印をもつことができます（同一の印鑑でないこと）が、個人は１個の実印しかもつことができません。

印鑑（改印）届書

印　鑑　（改　印）　届　書

※ 太枠の中に書いてください。

（地方）法務局　　　支局・出張所　　　平成　　年　　月　　日　申請

（注１）（届出印は鮮明に押印してください。） 印	商号・名称		株式会社 新宿商事
	本店・主たる事務所		東京都新宿区一丁目1番1号
	印鑑提出者	資　格	代表取締役・取締役・代表理事 理事・（　　　　）
		氏　名	新宿　太郎
		生年月日	大・昭・平・西暦　32年 11月 11日生
（注２）☑ 印鑑カードは引き継がない。 □ 印鑑カードを引き継ぐ。 印鑑カード番号 前　任　者	会社法人等番号		（わかる人は記載してください）

届出人（注３）　☑ 印鑑提出者本人　　□ 代理人

		（注３）の印
住　所	東京都新宿区二丁目4番6号	印
フリガナ	シンジュク　タロウ	
氏　名	新宿　太郎	

委　　任　　状

私は，（住所）

（氏名）

を代理人と定め，印鑑（改印）の届出の権限を委任します。

平成　　年　　月　　日

住　所

氏　名　　　　　　　　　　　　　　　　　　印　（注３）の印［市区町村に登録した印鑑］

□　**市区町村長作成の印鑑証明書は，登記申請書に添付のものを援用する。**（注４）

（注１）　印鑑の大きさは，辺の長さが１㎝を超え，３㎝以内の正方形の中に収まるものでなければなりません。

（注２）　印鑑カードを前任者から引き継ぐことができます。該当する□にレ印をつけ，カードを引き継いだ場合には，その印鑑カードの番号・前任者の氏名を記載してください。

（注３）　本人が届け出るときは，本人の住所・氏名を記載し，**市区町村に登録済みの印鑑**を押印してください。代理人が届け出るときは，代理人の住所・氏名を記載，押印（認印で可）し，委任状に所要事項を記載し，本人が**市区町村に登録済みの印鑑**を押印してください。

（注４）　この届書には作成後３か月以内の**本人の印鑑証明書**を添付してください。登記申請書に添付した印鑑証明書を援用する場合は，□にレ印をつけてください。

印鑑処理年月日				
印鑑処理番号	受　付	調　査	入　力	校　合

（乙号・８）

会社等は印鑑証明書を郵送によっても請求することができますが、個人の場合はできません。

❶登記所に印鑑を提出する意味

印鑑の届出をあらかじめしておく理由は、届出しておいた印鑑（会社の実印）と、その後される登記の申請書（各種変更登記など）または委任状に押された印鑑とを登記所で照合することにより、その登記の申請が真実の申請人によってされていること（申請人の同一性）を担保し、誤りのない登記をしようとするところからきています。

❷印鑑の提出はどのようにするのか

① 印鑑の大きさは、「辺の長さが１センチメートルの正方形に収まるもの」、または「３センチメートルの正方形に収まらないもの」であってはならないとされています。なお、印鑑は照合に適するものでなければなりません。

印鑑の文字等については制限がありませんが、文字等が著しく複雑なものまたは、あまり簡単すぎて個性のないものは不適当とされます。

個人の実印や認印を会社の実印として届け出ることもできますが、実印の重要性からみると別個の印のほうがよいと思います。

② 印鑑（改印）届書は、登記所に申し出ると無料で交付されます。

作成の真正を担保するため、代表者個人の市区町村長発行の印鑑証明書（作成後３カ月以内）を添付します。

❸印鑑の届出を義務づけられている者

印鑑の届出は、登記の申請書に押印すべき者（会社の代表者など）が最初に登記の申請をするときまでに（同時でもよい）しなければなりません。

つまり、印鑑の届出を義務づけられているのです。会社の設立の登記とか代表取締役の改選による役員変更登記などの際には、印鑑だけを先に届け出ることはできませんので、会社設立登記や、役員変更（就任）登記申請と同時に届け出るのが実務の取扱いとなっています。

この印鑑の届出を義務づけられている者、つまり「登記の申請書に押印すべき者」ということについて、実務で知っておきたいことだけ次にふれておきます。

会社の場合は、代表取締役、代表清算人、会社を代表する業務執行社員などで、個人商人の場合は本人または法定代理人です。

代表取締役が数名いて、そのうちの一部の者だけが印鑑の提出もできますが、この場合には他の者も必要があればいつでも印鑑の提出をすることができます。

ただし、同一の印鑑を他の代表取締役が重複して届け出ることはできません。また一人が数個の印鑑を提出することもできません。

本来の趣旨はこのようなものです。しかし、せっかく登記所に印鑑の届出をしている者、とくに会社の代表者などに印鑑証明がされれば、市区町村で発行している個人の印鑑証明と同じように、その者だけでなく取引上も便利です。このようなところから、商業登記法は、登記所に印鑑の届出をした者が申請したときは、その印鑑の証明書を交付するという制度を設けたのです。

❹印鑑の届出ができる者

支配人とか、会社更生法・民事再生法による管財人や保全管理人、破産管財人は、登記の申請書に押印すべき者ではなく印鑑届出の義務はありませんが、印鑑の届出をしておけばこの印鑑証明制度を活用でき印鑑証明書を受けることができます。

▸▸▸Q96

印鑑証明書の請求方法について教えてください。

A　印鑑証明書は郵送によっても交付を受けることができます。

また、印鑑証明書の交付を請求できる人は、その登記所に印鑑の届出をした人だけに限られ、その他の人は請求できません。この印鑑の届出をしている人とは、具体的には前に説明した、①印鑑の届出を義務づけられている人、つまり登記の申請書に押印すべき会社の代表者などと、②印鑑の届出ができる人つまり、支配人とか会社更生法・民事再生法による管財人や保全管理人、破産管財人のことです。

なお、使者による交付申請も認められていますので、実務で実際に登記所の窓口に印鑑証明を取りに来るのは、その会社の総務担当の人が多いでしょう。

印鑑証明書の交付を請求する方法は、次のとおりです。

❶申請書と印鑑カードの提出

印鑑証明書の交付の請求は、別紙様式の印鑑証明書交付申請書（押印不要）とともに印鑑カードの提出により行います。代理人が請求する場合でも、印鑑カードを提出すれば別途委任状を添付する必要はありません。

郵送により印鑑証明書の交付を請求することができますが、その場合も印鑑カードをつけて提出します。郵送の方法（普通郵便、書留郵便）は、請求者が自由にきめることができますが、郵送料を郵便切手で納付（同封にて可）することになります。

❷印鑑証明書の交付

登記所では、印鑑証明書の交付の請求があったときは、提出のあった印鑑カードを印鑑カード読取装置に読み込ませ、申請書の記載と印鑑ファイルの記録等とが相違しないことを確かめた後、別紙見本のような印鑑の証明書を作成し、申請人に交付します。

なお、印鑑の証明書の交付および提出された印鑑カードの返還にあたっては、受付に際して引換券を交付する等により、第三者に交付することのないよう配慮することになっています。

印鑑証明書交付申請書

会社法人用

印鑑証明書交付申請書

※ 太枠の中に書いてください。

（地方）法務局　　支局・出張所　　平成　年　月　日 申請

商号・名称（会社等の名前）		株式会社 新宿商事
本店・主たる事務所（会社等の住所）		東京都新宿区一丁目1番1号
支配人・参事等を置いた営業所又は事務所		
印鑑提出	資格	代表取締役（○）・取締役・代表社員・代表理事・理事・支配人（　）
	氏名	新宿 太郎
	生年月日	大・昭（○）・平・西暦 32 年 11 月 11 日生
印鑑カード番号		
請求通数		1 通

窓口に来られた人（申請人）※いずれかの□にレ印をつけ，代理人の場合は住所・氏名を記載してください。

□ 印鑑提出者本人

☑ 代理人

住所　東京都千代田区大手町一丁目1番1号

フリガナ　チヨダ イチロウ

氏名　千代田 一郎

※代理人の場合でも委任状は必要ありません。

※必ず印鑑カードを添えて申請してください。

収入印紙欄

収入印紙

収入印紙

（登記印紙も使用可能）

収入印紙は割印をしないでここに貼ってください。

交付通数	整理番号	手数料	受付・交付年月日

（乙号・11）

印鑑証明書

印鑑証明書

五三の桐
の模様

会社法人番号０００７７７

印

商　号　　株式会社新宿商事
本　店　　東京都新宿区一丁目１番１号
　　　　　代表取締役　新　宿　太　郎
　　　　　昭和32年11月11日生

これは提出されている印鑑の写しに相違ないことを照明する。

平成　年　月　日

○○法務局○○出張所
登　記　官　　　　　○　○　○　○　印

整理番号　　０００３３３

この証明書には，すかしが入っており，コピーすると複製の文字が写ります。

※“すかし”および“地紋”（スラー方式）を施した偽造防止用の用紙とする。

▸▸▸Q97

印鑑カードについて教えてください。交付を受けるにはどのようにすればいいのでしょうか。

A

❶印鑑カードとは

平成10年５月から、全国すべての登記所にカード式印鑑間接証明書方式が導入されています。これは、印鑑証明の交付申請があった場合に、あらかじめ登記所から交付を受けた「印鑑カード」を提示することにより本人の同一性を確認して、偽造防止策をほどこした証明書用紙(すかしを入れコピーすると複製の文字が写る）に電子化された印鑑に関する情報を出力することにより、印鑑証明書を作成して交付する方式です。

❷印鑑カードの交付の請求をするには

印鑑の登録をした者は、「印鑑カード交付申請書」(別紙）を提出して、当該印鑑にかかわる「印鑑カード」の交付を請求することができます。

なお、改印をしたときは、改印前の印鑑カードが、改印後の印鑑カードとして使用することができます。

印鑑カードの交付の請求は、郵送によりすることができます。また、印鑑カードの郵送による送付の請求もすることができます。この場合には、郵送料を郵便切手で納付しなければなりません。この場合の郵送の方法（普通郵便、書留郵便）は請求者が自由にきめられます。

こうして、印鑑カードの交付請求があった場合には、登記所の登記官は、印鑑カードである旨および印鑑カード番号を記載した磁気帯付きの印鑑カードを作成して、申請人に交付することとなります。

❸印鑑カード廃止届書

印鑑カードの亡失（なくなった)、汚損（著しく汚れた)、毀損（破損した）等のときには、「印鑑カード廃止届書」を提出して新しい印鑑カードの交付を受けることができます。この「廃止届」も郵送によってすることができますが、なくしたときは速やかに届け出る必要があります。

印鑑カード交付申請書

印鑑カード交付申請書

※ 太枠の中に書いてください。

（地方）法務局　　支局・出張所　　平成　年　月　日　申請

照合印	

（注１）登記所に提出した印鑑の押印欄	商号・名称		株式会社　新宿商事
印	本店・主たる事務所		東京都新宿区一丁目１番１号
	印鑑提出者	資格	代表取締役・取締役・代表理事・理事・（　　）
		氏名	新宿　太郎
（印鑑は鮮明に押印してください。）		生年月日	大・昭・平・西暦　32 年 11 月 11 日生
	会社法人等番号		（わかる人は記載してください）

申　請　人（注２）　☑ 印鑑提出者本人　□ 代理人

住所	東京都新宿区二丁目４番６号	連絡先	1 勤務先　2 自宅
フリガナ	シンジュク　タロウ		電話番号
氏名	新宿　太郎		（3210）1xxx

委　任　状

私は，（住所）

（氏名）

を代理人と定め，印鑑カードの交付申請及び受領の権限を委任します。

平成　年　月　日

住　所

氏　名　　　　印　［登記所に提出した印鑑］

（注１）　押印欄には，登記所に提出した印鑑を押印してください。
（注２）　該当する□にレ印をつけてください。代理人の場合は，代理人の住所・氏名を記載してください。その場合は，委任状に所要事項を記載し，登記所に提出した印鑑を押印してください。

交付年月日	印鑑カード番号	担当者印	受領印又は署名

（乙号・９）

印鑑・印鑑カード廃止届書

印鑑・印鑑カード廃止届書

※ 太枠の中に書いてください。

（地方）法務局　　支局・出張所　　平成　　年　　月　　日 申請

<table>
<tr><td rowspan="7">□ 印鑑の廃止届出
□ 印鑑カードの廃止届出
□ 印鑑及び印鑑カードの廃止届出
（いずれかの□にレ印をつけてください。）

（注１）</td><td colspan="2">商号・名称</td><td></td></tr>
<tr><td colspan="2">本店・主たる事務所</td><td></td></tr>
<tr><td rowspan="3">印鑑提出者</td><td>資　格</td><td>代表取締役・取締役・代表理事・理事
（　　　　　　　　　　　　　　　）</td></tr>
<tr><td>氏　名</td><td></td></tr>
<tr><td>生年月日</td><td>大・昭・平・西暦　　年　　月　　日生</td></tr>
<tr><td colspan="2">印鑑カード番号</td><td></td></tr>
<tr><td colspan="2">カード廃止の理由
※カードのみを廃止する場合に，□にレ印をつけてください。</td><td>□ 亡失（なくなった）
□ 汚損（著しく汚れた）
□ き損（破損した）　　□ その他</td></tr>
<tr><td>登記所に提出した印鑑の押印欄</td><td colspan="3">申　請　人（注２）□ 印鑑提出者本人 □ 代理人</td></tr>
<tr><td rowspan="2"></td><td colspan="2">住　所</td><td></td></tr>
<tr><td colspan="2">フリガナ
氏　名</td><td></td></tr>
<tr><td>（印鑑は鮮明に押印してください。）</td><td colspan="3"></td></tr>
</table>

委　　任　　状

私は，（住所）

（氏名）

を代理人と定め，□印鑑の廃止届出，□印鑑カードの廃止届出，□印鑑及び印鑑カードの廃止届出の権限を委任します。

平成　　年　　月　　日

住　所

氏　名　　　　　　　　　　印　〔登記所に提出した印鑑〕

（注１）　登記所に提出した印鑑を押印してください。この押印ができない場合は，市区町村に登録済みの印鑑を押印し，作成後３か月以内の市区町村長の証明した印鑑証明書を添付してください。

（注２）　代理人が届け出るときは，代理人の住所・氏名を記載してください。この場合，委任状に所要事項を記載し（該当する□にはレ印をつける），登記所に提出した印鑑を押印してください。
この押印ができない場合は，市区町村に登録済みの印鑑を押印し，作成後３か月以内の市区町村長の証明した印鑑証明書を添付してください。

（注３）　印鑑カードの交付を受けている場合は，返納してください。この場合には，（注１）の押印及び（注２）の委任状は不要です。

印鑑処理番号	受　付	調　査	入　力	校　合

（乙号・10）

▸▸▸Q98

登記所に印鑑カードを提出してある場合、印鑑証明請求書に商号・本店・印鑑カード番号をすべて書かなければいけないのでしょうか。

A　印鑑証明の申請書には、請求の目的として印鑑届出事項（商号・本店等）とともに、印鑑カード番号を記入のうえ、印鑑カードを提示して窓口に提出することになっています（商登規22条、9条2項、9条の4第2項）。ただし、印鑑カード番号については省略することができます。

▸▸▸Q99

印鑑証明書の請求で、本店所在地の詳しい番地がわからないので教えてほしいのですが。

A　印鑑証明書は重要な証明書であるため、請求する者が、請求書の記載事項をすべて記入しないと、印鑑証明書を交付してもらうことはできません。

▸▸▸Q100

印鑑カードを忘れてしまいました。登録してある代表者の印鑑を持参したので、印鑑証明書を発行してほしいのですが。

A　印鑑証明書は、印鑑カードを提示しなければ交付されません（商登規22条2項）。印鑑カードを持参のうえ、再度提出するか、もしくは郵送の方法により、印鑑証明書を請求することとなります（緊急を要する場合などは、印鑑カードの廃止届および（再）交付届を提出して発行に応じてもらうこともできるようですが、その際には商号、本店、代表者の氏名およびその生年月日を申告する必要があります）。

▶▶▶Q101

かなり前に解散した会社の印鑑証明書をとりたいのですが。

A　解散の登記と清算人就任の登記は、同時申請を義務付けていないので、まず清算人の就任の登記をしているか、清算人の印鑑カードを所持しているか確認してください。清算人就任の登記がしてあり、印鑑カードの発行を受けていない場合には、本店所在地を管轄する法務局において印鑑カードの発行手続きをすることになります。

▶▶▶Q102

亡くなった父親が代表取締役であった会社の印鑑証明書がほしいのですが。印鑑カードは持っています。

A　亡くなった方の印鑑証明書を発行することはできません。役員の変更登記（代表取締役の死亡の登記、新たな代表者の選任の登記および印鑑届）をしていただく必要があります。

▶▶▶Q103

改印前の印鑑証明書がほしいのですが。

A　印鑑証明書は現に法務局に届け出ている印鑑を証明するものなので、現に法務局に登録されていない印鑑に係る印鑑証明書を発行することはできません。

▶▶▶Q104

印鑑カードを紛失したのですが、どうしたらよいですか。

A　印鑑カードの再発行の手続をとることになります。再発行の手続は、はじめて印鑑カードの交付を受けるときと同じです（Q97参照）。

▸▸▸Q105

印鑑を紛失したので、改印したいのですが。

A　改印はQ23の「印鑑（改印）届書」にて行います。手続については、はじめて印鑑を届け出るときと同じです。

▸▸▸Q106

印鑑（印影）には、会社名が入ってないといけないのですか。

A　商業登記法上、印影についての規定はありません。印鑑の大きさが、辺の長さが1cmの正方形に収まらず、辺の長さが3cmの正方形に収まるものであれば（商登規9条3項）、印影はもちろんのこと、丸いものでも、四角い印鑑でも結構です。ただし、照合に適するものでないといけませんので（同条4項）、シャチハタ印のように印影が変化してしまうような素材は認められません。一般的には、「○○株式会社代表取締役之印」などが多いようです。

▸▸▸Q107

代表が2人いますが、印鑑は同じものを登録できますか。

A　法務局に提出する印鑑は、会社代表者ごとに登録しますので、代表者1人につき1個、各自別々のものをつかうことになります。なお、印鑑カードは、各代表者につき、1枚交付されます。

4　ブック登記簿

▸▸▸Q108

古い閉鎖登記簿の謄本がほしいのですが、出してもらえますか。

A　閉鎖した登記簿（登記記録）の保存期間は、閉鎖した日から20年間となっていますが(商登規34条４項２号)、保存期間を過ぎた登記簿であっても、保管のあるものについては、登記簿の謄本を発行することは可能です(廃棄認可後、物理的には廃棄せず、保管されている閉鎖登記簿については謄本の交付請求に応じてもらえます)。

▸▸▸Q109

閉鎖登記簿謄本の登記用紙の順番に決まりはありますか。

A　会社の場合は、商号資本欄、目的欄、役員欄、役員責任欄、予備欄、支店欄、新株予約権欄、企業担保権欄の順、法人の場合は名称役員欄、役員欄、目的欄、予備欄の順に並べ、いずれも丁数（頁）の若いものから順に並べることになっています。

▸▸▸Q110

宗教法人（神社）ですが、昭和20年頃の閉鎖登記簿謄本を閲覧したいのですが。

A　現在、宗教法人は、所轄庁から規則の認証を得て、その主たる事務所の所在地で登記することによって成立するとされています。

しかし、「宗教団体法」「宗教法人令」「宗教法人法」と法律の変遷があるので注意が必要です。昭和19年以前は都道府県のみに登録があり、登記簿は存在しません。昭和19年宗教団体法により寺については登記を要することになりましたが、神社について登記をするようになったのは宗教法人令改正後（昭和21年２月２日）です。

▶▶▶Q111

登記事項証明書に記載されている「平成17年法律第87号第136条の規定により平成18年５月登記」とは、どういう意味ですか。

A　平成17年法律第87号とは「会社法の施行に伴う関係法律の整備等に関する法律」のことです。会社法施行に伴う登記事項の変更について、登記官が、職権で行ったことを示すものです。

▶▶▶Q112

会社の連絡先を知りたいのですが、会社の登記事項証明書には、電話番号は掲載されていますか。

A　登記される内容は、法定されており（会社法911条３項等)、電話番号は登記事項でないため、登記事項証明書（謄本）の中に電話番号は掲載されていません。

▶▶▶Q113

履歴事項証明書に「平成元年法務省第15号附則第３項の規定により平成○年○月○日移記」とありますが、どういう意味ですか。

A　いずれも登記簿のコンピュータ化の根拠条文です。平成２年６月東京法務局の墨田出張所から開始された登記簿のコンピュータ化に伴って移記が行われた、ということを表しています。

▸▸▸Q114

「名称○○寺」と記載された登記事項証明書の交付を受けました。主たる事務所は一致しているようですが、「宗教法人○○寺」と組織名の入った登記事項証明書と替えてください。

A　宗教法人の根拠法である宗教法人法によると、名称中に「宗教法人」の文字を使用しなければならないという規定は存在しません。したがって、「○○寺」と名称のみが登記されている場合が多数存在します。同一所在地、同一名称の宗教法人は登記できないため、主たる事務所が一致している以上、他に「宗教法人○○寺」という登記簿は存在しないと思われますが、「○○寺」だけでは宗教法人かどうかわからないので宗教法人である証拠が欲しいということであれば、都道府県が管理している宗教法人名簿を確認することになります。

▸▸▸Q115

特定非営利活動法人の登記事項証明書の交付を受けたのですが、「特定非営利活動法人」ではなく「○○法人○○会」と登記されています。なぜですか。

A　特定非営利法人の根拠法である特定非営利活動促進法によると、名称中に「特定非営利活動法人」の文字を使用しなければならないとする規定は存在しません。「NPO 法人○○」「NPO○○」等いずれも登記することも認められています。

▸▸▸Q116

新規取引先の登記事項証明書を取り寄せたところ、商号がローマ字で記載されていました。ふりがなの記載はないのでしょうか。

A　登記簿に商号・名称の読み仮名を記載する旨の規定はありませんので、ふりがな、読み仮名を登記することはできません。

▶▶▶Q117

代表者事項証明書の代表者の住所は「１丁目」であって「一丁目」ではないので更正してください。

A　地名は「〇丁目」までが固有名詞であり、必ず漢数字で登記されることになっています。アラビア数字に更正することはできません。

▶▶▶Q118

閉鎖登記簿の予備欄に「昭和49年法律第21号附則13条第１項の規定により昭和49年10月１日解散昭和〇年〇月〇日登記用紙閉鎖」とありますが、清算結了の登記をしていないのに、閉鎖してしまっているのはなぜですか。

A　５年休眠解散の規定が新設された昭和49年に、最後の登記を行ってから10年以上登記を懈怠《けたい》（法律の規定により実施すべき行為を行わずに放置すること）していた株式会社について休眠会社とみなし法務大臣の命令により職権解散および登記用紙閉鎖の手続を行うこととされたものです。解散していないのであれば、会社継続の登記をすることはできませんが、登記用紙回復の申出および清算人・代表清算人の登記申請を行うことができます。

5　帳簿書類の公開、その他

▸▸▸Q119

会社の登記申請書を閲覧したい（登記簿およびその附属書類を閲覧したい）のですが。

A　会社法人の登記申請書の閲覧を希望する場合は、閲覧申請書に、①申請人または代表者もしくは代理人の氏名、②手数料の金額、③申請年月日、④登記所の表示のほか、⑤閲覧をしようとする申請書類を特定するため、会社（法人）の商号・本店（名称・主たる事務所）および登記の日付等など、および⑥利害関係を明らかにする事由を記載したうえで、署名または押印が必要です（商登規21条２項）。（法務局において）利害関係を有するか否か審査したうえ、利害関係があると判断した場合に限り、申請に応じています。１事件に関する書類につき500円の手数料がかかりますので（登記手数料令５条１項）、500円分の収入印紙を申請書に貼り提出します。

なお、代理人が閲覧請求する場合には、代理権限証書（委任状）の提出をします（商登規27条、９条の６第２項）。

登記申請書の保存年限は５年です。保存年限を過ぎて、廃棄手続がとられれば、利害関係の有無にかかわらず、物理的に申請書が存在しないこともありうるので、注意が必要です。

▸▸▸Q120

権利関係の紛争が生じたので、裁判を提訴するか検討するため、以前法務局に提出した申請書の写しがほしいのですが。

A　登記申請書の写しの交付請求は認められていません。登記簿の附属書類（申請書）の閲覧方法は、登記官またはその指定する職員の面前でずることとなっています（不登規202条、商登規32条）。必要事項を鉛筆で書き写すか、写真撮影は認められていますので、必要であれば、カメラを使うことができます。

なお、申請書類の謄本について公けに認証を必要とするときは、公証人に委嘱して申請書類を閲覧し、その事実に関する証明文書として公正証書を作成することができます（公証人法35条）。

▸▸▸Q121

当社の印鑑証明書が不正に請求されていないか調べたいのですが。

A　印鑑証明書の交付申請書が請求されているかどうかを調べるには、情報公開法（行政機関の保有する情報の公開に関する法律）に基づき、開示請求をしていただくことになります。また、行政機関個人情報保護法（行政機関の保有する個人情報の保護に関する法律）でも開示手続が規定されています。

なお、証明書は全国どこの登記所からも請求できるため、いつ、どこで等の限定がないと、調べることは現実的に難しくなっています。

▸▸▸Q122

類似商号（同一商号）規制はなくなったと聞いたのですが、ほんとうに調査の必要はないのでしょうか。

A　平成18年５月から会社法が施行されたことにより、従来の類似商号規制がなくなりました。同一本店同一商号でない限り登記することは可能です。ただし、不正競争防止法等による競業禁止規定がありますので、その点については各自調査することになります。

なお、商号調査は無料となっています。登記所の窓口にある端末を操作して検索することができます。

▸▸▸Q123

休業届（または廃業届）を出したので、その証明書がほしいのですが。

A　休業届・廃業届は、登記手続上存在しないので、証明書を発行してもらうことはできません。解散登記または清算結了の登記申請をしていれば、その旨の登記事項証明書を発行することはできます。

▸▸▸Q124

定款をなくしてしまったので、登記所に提出した定款を見たいのですが。

A　会社の定款は、登記所において公開されていませんが、設立登記申請時に添付した定款を見たいのであれば、設立時の本店所在地を管轄している登記所において、設立登記申請書を５年間保存してありますので、申請書の閲覧手続をします（なお、Q119で説明したように、登記申請書類の閲覧には、申請書に利害関係を明らかにする事由を記載する必要があり、その判断は登記官が行います）。

また、公証人の認証を受けた原始定款は、公証役場で10年間保管されています。

第Ⅲ編　成年後見登記　債権譲渡登記　動産譲渡登記

1　成年後見登記

▶▶▶Q125

成年後見制度とは、どのような制度ですか。

A　認知症、知的障害、精神障害などの理由で判断能力の不十分な方々は、不動産や預貯金などの財産を管理したり、身の回りの世話のために介護などのサービスや施設への入所に関する契約を結んだり、遺産分割の協議をしたりする必要があっても、自分でこれらのことをするのが難しい場合があります。

また、自分に不利益な契約であってもよく判断ができずに契約を結んでしまい、悪徳商法の被害に遭うおそれもあります。このような判断能力の不十分な人を保護し、支援するのが成年後見制度です。（平成12年4月1日施行）

成年後見制度の概要

			（本　人）	（保護者）	（監督人）
成年後見制度	法定後見制度	成年後見	成年被後見人	成年後見人	成年後見監督人
		補　佐	被保佐人	保　佐　人	保佐監督人
		補　助	被補助人	補　助　人	補助監督人
	任意後見制度		本　人	任意後見人	任意後見監督人

※　成年被後見人……判断能力を欠く常況にある者
　　被保佐人……判断能力が著しく不十分な者
　　被補助人……判断能力が不十分な者

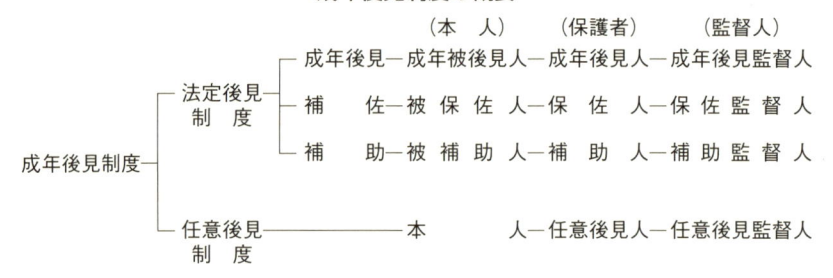

▸▸▸Q126

成年後見制度には、どのようなものがあるのですか。

A　成年後見制度は、大きく分けると、法定後見制度と任意後見制度の２つがあります。

法定後見制度は、「後見」「保佐」「補助」の３つに分かれており、判断能力の程度など本人の事情に応じた制度を利用できるようになっています。

法定後見制度においては、家庭裁判所によって選ばれた成年後見人等（成年後見人・保佐人・補助人）が、本人の利益を考えながら、本人を代理して契約などの法律行為をしたり、本人が自分で法律行為をするときに同意を与えたり、本人が同意を得ないでした不利益な法律行為を後から取り消したりすることによって、本人を保護・支援します。

任意後見制度は、本人が十分な判断能力があるうちに、将来、判断能力が不十分な状態になった場合に備えて、あらかじめ自らが選んだ代理人（任意後見人）に、自分の生活、療養看護や財産管理に関する事務について代理権を与える契約（任意後見契約）を公証人の作成する公正証書で結んでおくというものです。そうすることで、本人の判断能力が低下した後に、任意後見人が、任意後見契約で決めた事務について、家庭裁判所が選任する「任意後見監督人」の監督のもと本人を代理して契約などをすることによって、本人の意思にしたがった適切な保護・支援をすることが可能になります。

▸▸▸Q127

成年後見登記制度とは、どのような制度ですか。

A　成年後見登記制度は、成年後見人等の権限や任意後見契約の内容などをコンピュータ・システムによって登記し、登記官が登記事項を証明した登記事項証明書（登記事項証明書・登記されていないことの証明書）を発行することによって登記情報を開示する制度です。

成年後見登記制度のイメージ

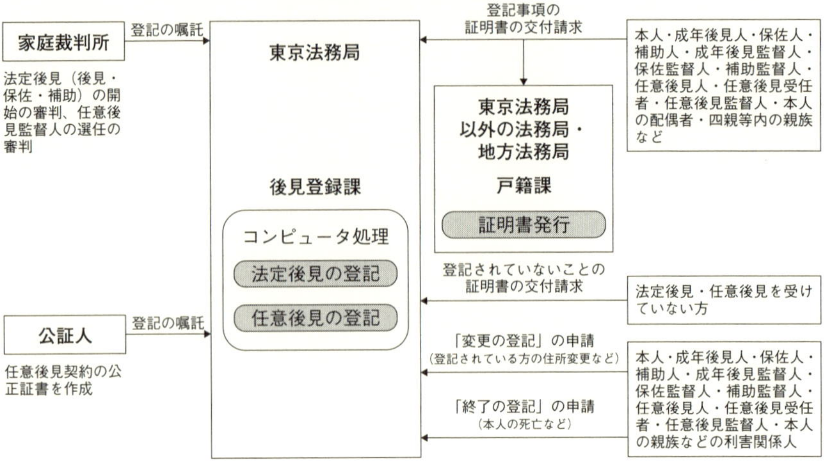

▸▸▸Q128

成年後見登記はどのようにされるのですか。

A　東京法務局の後見登録課で、全国の成年後見登記事務を行っています。

後見開始の審判がされたときや、任意後見契約の公正証書が作成されたときなどに、家庭裁判所または公証人からの嘱託によって登記されます。

▸▸▸Q129

どのようなときに、登記事項証明書・登記されていないことの証明書を利用することができますか。

A

❶成年後見登記制度の意味

成年後見人等の援助者は、本人に代わって財産の売買契約を行ったり介護サービスの契約を締結しますが、取引の相手方はそもそも援助者にそういった行為をする権限が与えられているのかどうかがわかりません。

そのため、成年後見人等の権限や任意後見契約の内容は後見登記により公示されることになっています。

❷「登記事項証明書」と「登記されていないことの証明書」

成年後見等の登記がされていれば、どのような内容で登記されているかという「登記事項証明書」を発行してもらえます。取引の相手方は、登記事項証明書を確認すれば、権限が与えられた援助者なのかを判断することができるのです。たとえば、成年後見人が、本人に代わって財産の売買・介護サービス提供契約などを締結するときに、取引相手に対し登記事項の証明書を提示することによって、その権限などを確認してもらうという利用方法が考えられます。

一方で、後見登記制度では、成年後見人等の援助者が付いていない人は、「登記されていないことの証明書」の交付を受けることができます。

「登記されていないことの証明書」は、さまざまな資格の登録申請の際に要求されることがあります。たとえば、成年被後見人であれば、弁護士、司法書士、行政書士などの欠格事由（資格登録を認められない理由）になってしまいます。ですから、資格登録の際には、「登記されていないことの証明書」を提出して欠格事由に該当しないことを証明することになります。同様に、建設業許可、古物商許可、風俗営業許可などの許認可申請の際にも、欠格事由に該当しないことを証明するために、「登記されていないことの証明書」の提出が必要になることがあります。

登記事項証明書【後見】見本

証明書の見本

※印の欄は注釈・説明です。実際の証明書にはありません。

〔1〕登記事項証明書　【後見】

（後見開始と併せて成年後見人及び成年後見監督人が一人ずつ選任された後，成年後見人が住所の変更をし，成年後見監督人が辞任した場合）

登　記　事　項　証　明　書

後　見

後見開始の裁判
【裁 判 所】○○家庭裁判所
【事件の表示】平成 29 年（家）第××××号
【裁判の確定日】平成 29年 1 月 2 0 日
【登記年月日】平成 29年 1 月 2 6 日
【登記番号】第 2017－××××号

成年被後見人
【氏　　名】後見春子
【生年月日】昭和 20 年 12 月 29 日
【住　　所】東京都千代田区九段南 1 丁目 1 番 15 号
【本　　籍】東京都千代田区九段南 1 丁目 2 番地

※　成年被後見人がした法律行為は，取り消すことができます。ただし，日用品の購入その他日常生活に関する行為（民法 9 条）や婚姻（民法 738 条）などの身分行為は取消しの対象となりません。

成年後見人
【氏　　名】後見太郎
【住　　所】東京都千代田区九段南 1 丁目 1 番 10 号
【選任の裁判確定日】平成 29年 1 月 2 0 日
【登記年月日】平成 29年 1 月 2 6 日
【従前の記録】
【住所変更日】平成 29年 4 月 3 日
【登記年月日】平成 29年 4 月 7 日
【変更前住所】東京都千代田区九段南 1 丁目 1 番 4 号

※　成年後見人は成年被後見人の財産を管理し，財産上の法律行為について成年被後見人を代表します（民法 859 条1項）。
また，成年被後見人がした法律行為を取り消し，または追認することができます（民法 120 条，122 条）。

成年後見監督人であった者
【氏　　名】成年三郎
【住　　所】東京都千代田区九段南 1 丁目 1 番 8 号
【選任の裁判確定日】平成 29年 1 月 2 0 日
【登記年月日】平成 29年 1 月 2 6 日
【辞任許可の裁判確定日】平成 29年 5 月 1 0 日
【登記年月日】平成 29年 5 月 1 2 日

※成年後見人等が数人選任されている場合で，事務を分掌するとき又は共同して権限を行使するときは「権限行使の定め目録」が添付されます。

※印の欄は注釈・説明です。実際の証明書にはありません。

上記のとおり後見登記等ファイルに記録されていることを証明する。

平成 29 年 5 月 19 日

東京法務局　登記官　　法　務　太　郎　　印

［証明書番号］　2017-0100-00001（1／1）

登記されていないことの証明書

証明書の見本

※印の欄は注釈・説明です。実際の証明書にはありません。

〔6〕登記されていないことの証明書
（「証明を受ける方」欄に手書きで記載した場合）

登記されていないことの証明書

①氏　名	甲野太郎	
②生年月日	明治□ 大正□ 昭和☑ 平成□ 又は 西暦□　29年 9月 19日	
③住　所	都道府県名：東京都	市区郡町村名：千代田区
	丁目大字地番：九段南1丁目1番10号	
④本　籍 □ 国籍	都道府県名：東京都	市区郡町村名：千代田区
	丁目大字地番（外国人は国籍を記載）：九段南1丁目1番地	

※印の欄は注釈・説明です。実際の証明書にはありません。

※　証明事項（証明範囲）は，その用途（提出先等）によって異なります。一般的には，
　「成年被後見人，被保佐人とする記録がないこと」
　「成年被後見人，被保佐人，被補助人とする記録がないこと」
　「成年被後見人，被保佐人，被補助人，任意後見契約の本人とする記録がないこと」
のいずれかについて，証明します。

上記の者について，後見登記等ファイルに成年被後見人，被保佐人とする記録がないことを証明する。

平成29年3月1日

東京法務局　登記官　　法　務　太　郎　　印

［証明書番号］　2017-0100F-00006

登記事項証明申請書（成年後見登記用）

登 記 事 項 証 明 申 請 書
（成年後見登記用）

＿＿＿＿＿法務局　御　中
平成　　年　　月　　日申請

□閉鎖登記事項証明書（閉鎖された登記事項の証明書を必要とする場合はこちらにチェックしてください。）

請求される方（請求権者）	住　　所	
	（フリガナ）	
	氏　　名	㊞　連絡先（電話番号　　－　　－　　）
請求される方の資格	1□本人（成年被後見人，被保佐人，被補助人，任意後見契約の本人，後見・保佐・補助命令の本人）	
	2□**成年後見人** 3□**保佐人** 4□**補助人** 5□**任意後見受任者（任意後見人）**	6□成年後見監督人　7□保佐監督人　8□補助監督人 9□任意後見監督人　10□**配偶者**　11□**四親等内の親族** 12□未成年後見人　13□未成年後見監督人　14□職務代行者 15□財産の管理者　16□本人の相続人 17□本人の相続人以外の承継人
代理人（上記の方から頼まれた方）	住　　所	
	（フリガナ）	
	氏　　名	㊞　連絡先（電話番号　　－　　－　　）
添付書類 下記㊟参照	□戸籍謄本または抄本など本人との関係を証する書面 （上欄中10，11，12，13，16，17の方が申請するときに必要。発行から3か月以内の原本） □委任状（代理人が申請するときに必要） □法人の代表者の資格を証する書面 （請求される方が法人であるとき，代理人が法人であるときに必要。いずれも発行から3か月以内の原本）	
後見登記等の種別及び請求の通数	□後見　□保佐　□補助　（　　通） □任意後見契約　（　　通） □後見命令　□保佐命令　□補助命令　（　　通）	

●登記記録を特定するための事項

（フリガナ）	
本人の氏名（成年被後見人等）	

（登記番号がわかっている場合は，記入してください。）

登 記 番 号	第　　　—　　　　号

（登記番号が不明の場合に記入してください。）

本人の生年月日	明治・大正・昭和・平成／西暦　　　年　　　月　　　日生
本人の住所（登記上の住所）	
または本人の本籍（国籍）	

収入印紙を貼るところ

収入印紙は割印をしないでここに貼ってください。

印紙は申請書ごとに必要な通数分を貼ってください。

収入印紙は1通につき550円です
（ただし，1通の枚数が50枚を超えた場合は，超える50枚ごとに100円が加算されます）

本人確認書類
□請求権者
□代理人

□運転免許証
□健康保険証
□住基カード
□資格者証明書
　□弁護士
　□司法書士
　□行政書士
　□その他
□パスポート
□（　　　　）

□封筒

交付通数		交付枚数	手数料	交付方法	受付	
50枚まで	51枚以上	（合計）				年　　月　　日
				□窓口交付 □郵送交付	交付	年　　月　　日

記入方法等　1　二重線の枠内の該当事項の□に☑のようにチェックし，所要事項を記入してください。
2「登記記録を特定するための事項」には，登記番号がわかっている場合は，本人の氏名と登記番号を，不明な場合は本人の氏名・生年月日・住所または本籍（本人が外国人の場合には，国籍）を記載してください。
3　郵送請求の場合には，返信用封筒（あて名を書いて，切手を貼ったもの）を同封し下記のあて先に送付してください。
申請書送付先：〒102－8226　東京都千代田区九段南1-1-15　九段第2合同庁舎
東京法務局民事行政部後見登録課

㊟　窓口請求の場合は，請求される方（代理請求の場合は代理人）の本人確認に関する書類（運転免許証・健康保険証・パスポート等，住所・氏名及び生年月日がわかる書類）を窓口で提示していただきますようお願いいたします。
郵送請求の場合は，申請書類とともに，上記本人確認書類のコピーを同封していただきますようお願いいたします。
申請書に添付した戸籍謄本等の還付（返却）を希望される場合は，還付のための手続が必要です。

「登記されていないことの証明申請書」

「登記されていないことの証明申請書」

（後見登記等ファイル用）

02　請求できるのは，本人，本人の配偶者または四親等内の親族です。
なお，代理の方が請求する場合は，該当する方からの委任状が必要です。

＿＿＿＿＿＿法務局
平成　　年　　月　　日申請

請求される方（請求権者）	住所		収入印紙を貼るところ
	（フリガナ）		収入印紙　必ず貼ってください。
	氏名	連絡先（電話番号　　　）㊞	
	証明を受ける方との関係	□本人 □配偶者 □四親等内の親族 □その他（　　　）	
代理人（上記の方から頼まれた方）	住所		
	（フリガナ）		
	氏名	連絡先（電話番号　　　）㊞	
返送先（上記以外に証明書の返信先を指定される場合に記入）	住所		1通につき300円 ※割印はしないでください。
	宛先	※ 返信用封筒にも同一事項を必ず記入	
添付書類 下記㊟参照		□委任状（代理人が請求するときに必要。また、会社等法人の代表者が社員等の分を請求する時に社員等から代表者への委任状も必要） □戸籍謄抄本等親族関係を証する書面（本人の配偶者・四親等内の親族が請求するときに必要） □法人の代表者の資格を証する書面（法人が代理人として請求するときに必要）	※印紙は申請書ごとに必要な通数分を貼ってください。
証明事項（いずれかの□にチェックしてください）		□成年被後見人，被保佐人とする記録がない。（後見・保佐を受けていないことの証明が必要な方） □成年被後見人，被保佐人，被補助人とする記録がない。（後見・保佐・補助を受けていないことの証明が必要な方） □成年被後見人，被保佐人，被補助人，任意後見契約の本人とする記録がない。（後見・保佐・補助・任意後見を受けていないことの証明が必要な方） □その他（　　　）とする記録がない。（上記以外の証明を必要とする場合）	
請求通数	□□通　※請求通数は右詰めで記入してください。	証明を受ける方の氏名のフリガナ	□□□□□□□□□□□□□

◎証明を受ける方　この部分を複写して証明書を作成するため，字画をはっきりと，住所または本籍は番号，地番まで記入してください。

①氏名	
②生年月日	明治□ 大正□ 昭和□ 平成□ または 西暦□　□□□□年 □□月 □□日
③住所	都道府県名 ／ 市区郡町村名 丁目 大字 地番
④本籍 □国籍	都道府県名 ／ 市区郡町村名 丁目 大字 地番（外国人は国籍を記入）

提出先から特に指定がない場合は，住所または本籍（外国人の場合は④に☑し，正しい国籍名）のいずれかを記入してください。

㊟請求される方（代理請求の場合は代理人）の本人確認書類は必ず提示または添付してください（裏面注4参照）。

記入方法：1．証明を受ける方の氏名のフリガナ欄は，例えば，ヤマダ タロウ と左詰め（氏と名の間1字空き）でカタカナで記入してください。
2．外国人は氏名欄に本国名（漢字を使用しない外国人はカタカナ）を記入してください。
3．生年月日欄は，例えば，昭和に☑し 40 年 1 月 1 日と右詰めで記入。
4　郵送請求の場合は，返信用封筒（あて名を書いて，切手を貼ったもの）を同封し下記のあて先に送付してください。

申請書送付先：〒102-8226　東京都千代田区九段南1-1-15　九段第2合同庁舎　東京法務局民事行政部後見登録課

○本申請書は拡大縮小せずに使用してください。

（登記所が記載します）	交付通数	交付枚数	手数料	受付	年　月　日
				交付	年　月　日

本人確認書類
□請求権者　□代理人
□運転免許証 □健康保険証 □パスポート □（　　　）
□封筒

▸▸▸Q130

登記事項証明書・登記されていないことの証明書の交付請求は、どのようにすればよいのですか。

A　証明書の交付請求をする場合には、請求者の住所、氏名、生年月日および資格（本人との関係）などを記載した申請書に、下記の額(※1)の収入印紙（手数料）を貼り、必要な添付書面(※2)を添えて請求します。請求は、返信用封筒（あて名を書いて、切手を貼ったもの）を同封して郵送で行うこともできます。なお、証明書を交付する際には、免許証・保険証など本人確認のための資料の提示が必要です（郵送で請求する場合には、コピーしたものを同封します）。

窓口での証明書の交付は、東京法務局民事行政部後見登録課および東京法務局以外の各法務局・地方法務局戸籍課で行っています。

請求先窓口：東京法務局民事行政部後見登録課
（東京法務局以外の）法務局・地方法務局戸籍課

郵送での請求先：東京法務局民事行政部後見登録課

〒102-8226　東京都千代田区九段南１-１-15　九段第２合同庁舎

TEL：03-5213-1234（代表）　03-5213-1360（ダイヤルイン）

※１　登記事項の証明書　１通につき　550円
登記されていないことの証明書　１通につき　300円

※２　本人の配偶者または四親等内の親族が証明書の交付請求をする場合には、親族関係を証する書面として戸籍謄抄本や住民票等を添付する必要があります。

また、本人から委任を受けた代理人が、本人に代わって証明書の請求をすることもできますが、その場合には、委任状を添付することが必要となります。

【参考】

かつては、禁治産・準禁治産宣告を受けると戸籍に記載して公示され、心理的抵抗感を持つものが多く利用しにくいとの批判がありました。そこで成年後見において、戸籍記載に代わる公示制度として成年後見登記制度が創設されたのです。これは不動産登記制度とも商業登記制度ともまったく別個のもので、法務省民事局第１課が所轄し、法務大臣の指定する登記所で取り扱います。

請求先窓口は、東京法務局民事行政部後見登録と東京法務局以外の法務局・地方法務局戸籍課となっています。

（以上、法務省民事局発行の『成年後見制度成年後見登記』から一部抜粋）

2　債権譲渡登記

▸▸▸Q131

債権譲渡登記制度とは、どのような制度ですか。

A　債権譲渡の対抗要件については、民法467条が規定していますが、それによると、多数の債権の一括譲渡を行う場合に対抗要件を備えるためには、個々の債務者ごとに通知・承諾の手続を経なければならない等、実質的に困難なことが指摘されていました。

また、債権流動化をはじめとする法人の資金調達手段の多様化の状況のなかで、実務家からは債権譲渡の第三者対抗要件の簡素化が求められていました。

法人がする金銭貸借の譲渡については、平成10年10月１日に施行された「債権譲渡の対抗要件に関する民法の特例等に関する法律」により、法務局に備えられた債権譲渡登記ファイルに登記することで、債務者以外の第三者に対する対抗要件を具備することが認められることとなりました。

債権譲渡登記の事務は、東京法務局民事行政部債権登録課が全国の事務を取り扱っています。この登記は郵送でもできることになっています。

なお、その後、動産譲渡登記制度が創設されましたので、法律名は「動産及び債権の譲渡の対抗要件に関する民法の特例等に関する法律」（平成17年10月３日施行）に変更されています。

▸▸▸Q132

債権譲渡の種類には、どのようなものがありますか。

A　登記申請書には、登記の対象となる債権を特定する必要があります。貸付債権、売掛債権その他の債権の種別は、次のとおり15種類の債権の種類が定められており、この中から該当するものを選択します。

・住宅ローン債権	・運送料債権	・診療報酬債権
・消費者ローン債権	・リース債権	・その他の診療債権
・その他の貸付債権	・クレジット債権	・入居保証金債権
・売掛債権 （割賦販売代金債権を除く）	・不動産賃料債権 （その他の賃料債権を除く）	・工事請負代金債権
・割賦販売代金債権	・その他の賃料債権	・その他の債権

▸▸▸Q133

債権譲渡の対抗要件は何ですか。

A　債権の譲渡についての対抗要件には、「第三者対抗要件」と「債務者対抗要件」があります。

❶第三者対抗要件

債権者は、原則として、債務者の同意なくして、他人にその債権を自由に譲渡することができます。その譲渡が二重に行われた場合（債権を二重に譲渡しても、その譲渡が無効になるわけではありません）などのように、同一の債権につき両立し得ない法的地位を有する者同士の優劣を決定するための要件が「第三者対抗要件」といわれているものです。

第三者対抗要件

同一の債権につき両立し得ない法的地位を有する者が複数存在する場合の優劣の判断基準

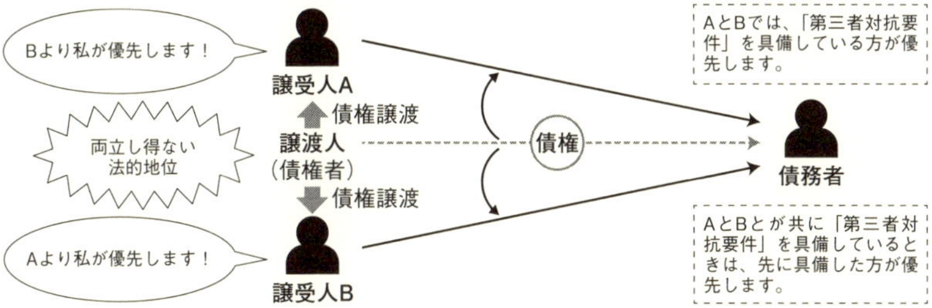

❷債務者対抗要件

債務者は、債権者であると主張する者から支払の請求を受けたとき、二重払いの危険を避けるため、請求者が「債務者対抗要件」を具備するまで弁済を拒むことができます。この場合に、請求者が債務者から債務の弁済を拒まれないための要件が「債務者対抗要件」といわれるものです。

債務者対抗要件

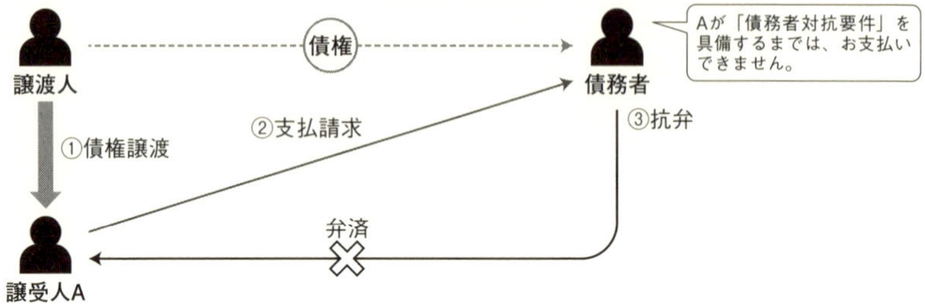

▸▸▸Q134

民法による対抗要件具備方法はどうなっていますか。

A

❶民法による「第三者対抗要件」の具備方法

民法による第三者対抗要件の具備方法は、債権が譲渡されたことについての、確定日付のある証書による、①譲渡人から債務者に対する通知、または、②債務者による譲渡人もしくは譲受人に対する承諾です（民法467条2項）。

※　「確定日付のある証書」の例としては、内容証明郵便（主に譲渡人からの通知の場合）や公証人の確定日付印がある書面（主に債務者による承諾の場合）があります。

※　同一の債権の譲渡につき第三者対抗要件を具備した譲受人と具備していない譲受人が存在する場合は、具備した譲受人が優先します。第三者対抗要件を具備した譲受人が複数存在する場合は、確定日付のある証書による通知が債務者に到達した日時または債務者の承諾の日時の先後で判断し、最も早い

ものが優先します（最高裁昭和49年３月７日判決）。

❷民法による「債務者対抗要件」の具備方法

民法による「債務者対抗要件」の具備方法は、債権が譲渡されたことについての、①譲渡人から債務者に対する通知または②債務者による譲渡人もしくは譲受人に対する承諾です（民法467条１項）。

※　確定日付のある証書による必要はありませんが、その場合には第三者対抗要件は具備できません。

他方で、第三者対抗要件である、確定日付のある証書による通知・承諾がされていれば、それにより債務者対抗要件も兼ねることができます。

▶▶▶Q135

民法による対抗要件具備方法のデメリットと、債権譲渡登記のメリット・特徴は何ですか。

A

❶民法による対抗要件の具備方法

民法による方法では、「第三者対抗要件」の具備についても債務者を関与させる必要があります。そのため、①多数の債権を一括譲渡する場合、個々の債務者への通知や承諾に要する手続・費用の負担が重い、②譲渡人の立場からすると、債権譲渡の事実が債務者に直接知られるので、信用不安を惹起させる懸念があるなどの不安を感じる、③譲渡時点で債務者不特定である将来債権の譲渡に係る第三者対抗要件の具備方法としては利用できない、というデメリットがあります。

❷債権譲渡登記による対抗要件の具備方法

他方、債権譲渡登記による方法は、「第三者対抗要件」と「債務者対抗要件」の具備方法が分離されていることにより、債務者を関与させることなく「第三者対抗要件」を具備することができるというメリット・特徴があります。

民法による第三者対抗要件の具備

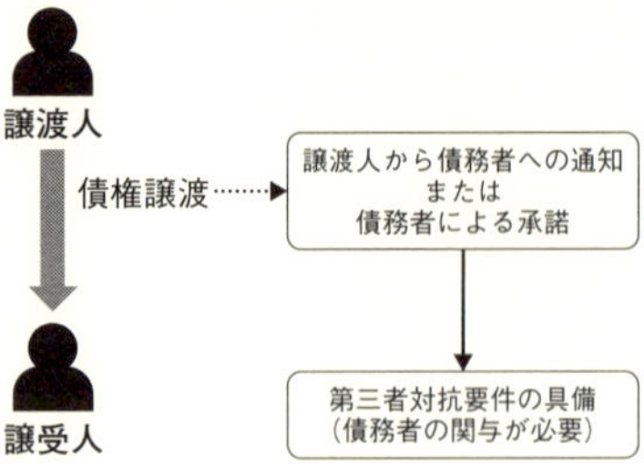

債権譲渡登記による第三者対抗要件の具備

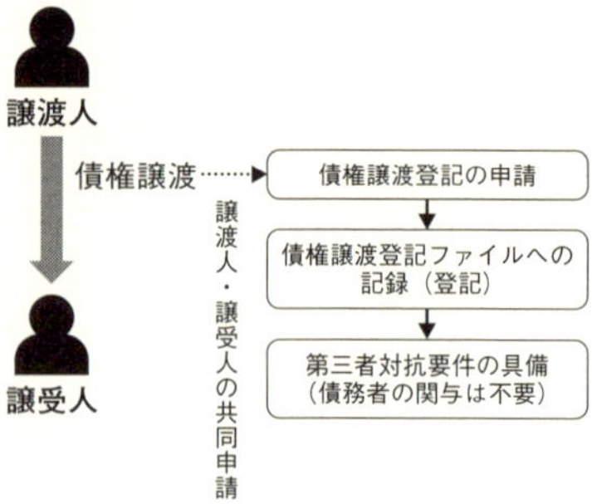

▸▸▸Q136

債権譲渡登記による対抗要件具備方法はどうなっていますか。

A

❶債権譲渡登記による「第三者対抗要件」の具備

債権譲渡登記による方法では、債権譲渡をしたときに、まず、「第三者対抗要件」のみを具備することができます。この場合、譲渡人と譲受人が共同で登記を申請し（債務者の同意・関与は不要）、債権譲渡登記所に備える債権譲渡登記ファイルに譲渡の記録がなされることにより、第三者対抗要件が具備されます。

※　債権譲渡登記の対象となる債権は、譲渡人が法人であり、譲渡する債権が指名債権である金銭債権に限られます。

※　債権譲渡登記が完了すると、債権譲渡登記所において登記事項証明書および登記事項概要証明書の交付が可能になるほか、商業登記所等において概要記録事項証明書の交付が可能になります（証明書交付請求の手続についてはQ139を参照）。

❷債権譲渡登記による「債務者対抗要件」の具備

「債務者対抗要件」については、債権譲渡登記後、実際に必要が生じたときに、債務者に対して、債権の譲渡およびその登記をしたことにつき登記事項証明書を交付して通知することにより、具備することができます。

※　民法による方法と異なり、譲受人からの通知・交付によることも可能です。

※　債務者への通知と登記事項証明書の交付は、必ずしも同時にされる必要はありません

※　債権の譲渡およびその登記をしたことについての債務者の譲渡人または譲受人に対する承諾によっても、債務者対抗要件を具備することが可能です。

債権譲渡登記による第三者対抗要件の具備

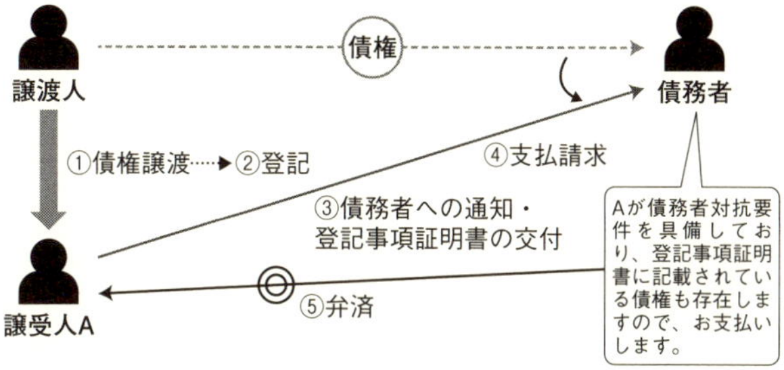

▶▶▶Q137

債権譲渡登記の効果とは、どういったことですか。

A

❶債権譲渡登記により具備された対抗要件の効力

債権譲渡登記により具備された対抗要件の効力は、民法による対抗要件具備方法によるものと同列に扱われます。

同一の債権の譲渡につき、民法による第三者対抗要件を具備した譲受人と債権譲渡の登記をした譲受人がいる場合の優劣は、それぞれの方法による対抗要件具備時点の先後により判断されることとなります。

第三者対抗要件の具備時点

- 確定日付のある証書による通知の場合（民法による方法）…債務者に到達した時点
- 確定日付のある証書による承認の場合（民法による方法）…債務者が承諾した時点

- 債権譲渡登記の場合…登記をした時点（登記事項証明書に登記の時刻が記載されます。）

また、債務の弁済の請求を受けた債務者の立場から見ると、以下の点に留意して、弁済すべき債権者を判断することとなります。

債務者の留意点

債務者は、弁済等をしていない債権につき弁済の請求を受けた場合は、債務者対抗要件を具備した債権者に対して弁済すれば足ります。

そのうえで、同一の債権につき複数の債権者（譲受人）から弁済の請求を受けているときは、①第三者対抗要件を具備した債権者と具備していない債権者が存在する場合は、具備した債権者に対して弁済することになり、②第三者対抗要件を具備した債権者が複数存在する場合は、第三者対抗要件の具備時点が最も早い債権者に対して弁済することになります。

❷債権譲渡登記の効果

債権譲渡登記の申請に際しては、譲渡された債権自体の存在を証する書面やその譲渡があったことを証する書面の添付は必要とされていません。したがって、債権譲渡登記は、譲渡された債権が真実に存在することや真実に譲渡がされたことまでを公示・証明するものではありません。

債権譲渡登記制度のポイント

□　譲渡人と譲受人が共同で登記を申請する方法により、個々の債務者への通知・承諾を要することなく、第三者対抗要件を具備することができます。

□　債務者対抗要件は、債権譲渡登記後、その必要が生じた時点で、債務者に対して、債権の譲渡および登記をしたことにつき登記事項証明書を交付して通知する（譲受人からでも可能）方法等により、具備することができます。

□　債務者が特定していない将来債権の譲渡についても、対抗要件を具備することが可能です。

□　登記によって債権の存在および債権譲渡の真実性が公的に証明されるものではありません。

▶▶▶Q138

登記申請の手続はどうなっていますか。

A　次のいずれかの方法により、債権譲渡登記所（東京法務局民事行政部債権登録課）に申請をします。

①　書面方式（登記申請書、添付書面および申請データ（CD-Rに記録）を窓口に持参して提出または郵送等により提出）

②事前提供方式（事前提供データとしてオンラインにより申請データを提出、登記申請書と添付書面を窓口に持参して提出または郵送等により提出）

③オンライン方式（登記申請書、添付書面および申請データをオンラインにより提出）

参考までに、書面方式による申請は下記のとおりです。

登記申請書の記載例（代理申請）

登　記　申　請　書

登記の目的　債権譲渡登記（注1）
添付書面　資格証明書　印鑑証明書　代理権限証書（注2）（注3）
登録免許税　7, 500円（注4）
　上記のとおり、申請します。
平成27年4月1日　東京法務局　御中（注5）
　　申　請　人
　　　　　譲渡人　東京都中央区京橋一丁目1番1号
　　　　　　　　　中央産業株式会社（注6）
　　　　　譲受人　東京都台東区上野三丁目1番9号
　　　　　　　　　株式会社東京ファイナンス（注7）
　　　　　譲受人　東京都新宿区新宿一丁目1番1号
　　　　　　　　　株式会社新宿リース（注7）
　　　　　譲渡人及び譲受人代理人
　　　　　　　　　東京都中央区日本橋三丁目10番地
　　　　　　　　　　　　債　権　良　子（注8）　㊞
　　　　　　　　　（連絡先：03-3003-××××）（注9）

（注１）　登記の目的として、「債権譲渡登記」と記載します。
（注２）　登記申請書には、次に掲げる書面を添付します。
・譲渡人である法人の代表者の資格証明書及び印鑑証明書
…発行から３か月以内のものに限ります。
・譲受人が法人である場合には、代表者の資格証明書…発行から３か月以内のものに限ります。
・譲受人の住所証明書（住民票の写し等。譲受人が法人である場合には、代表者の資格証明書をもって兼ねることができます。）
・代理人の権限を証する書面（委任状。支配人が代理人となる場合には、支配人の記載がされている現在事項証明書等（発行から３か月以内のもの）でも差し支えありません。）
・特別事由証明書…登記の存続期間が登記の日から50年（債務者不特定の債権を含む場合には10年）を超える場合には、50年（債務者不特定の債権を含む場合には10年）を超えて存続期間を定めるべき特別の事由があることを証する書面も添付する必要があります。
なお、添付書面については、同時に数個の申請をする場合に、各登記申請書の添付書面に同一内容のものがあるときは、１通の原本を添付することで足ります。ただし、他の登記申請書には、原本の写しに相違ない旨を記載し、登記申請書に押印した印鑑で押印した謄本を添付する必要があります。
（注３）　添付書面の記載は、書面の内容で分別して概括的に記載すれば足り、その通数を記載する必要はありません。
（注４）　１件につき、債権の個数が5,000個以下の場合には7,500円、債権の個数が5,000個を超える場合には15,000円となります。
（注５）　登記申請書を提出する日を記載します。
送付による申請の場合には、登記申請書を発送する日を記載します。ただし、登記年月日は、債権譲渡登記所が登記申請書を受け取った日の翌執務日となります。
（注６）　譲渡人の表示として、譲渡人の本店（主たる事務所）及び商号（名称）を記載します。この記載は、（注２）の資格証明書等の記載と合致している必要があります。
（注７）　譲受人又は質権者の表示として、譲受人の住所及び氏名（法人にあっては、本店（主たる事務所）及び商号（名称））を記載します。この記載は、（注２）の住所証明書（資格証明書）の記載と合致している必要があります。
（注８）　代理人の住所及び氏名を記載し、押印します。この記載は、（注２）の代理権限証書の代理人の表示と合致している必要があります。
押印する際は、他の文字にかからないように鮮明に押印してください。
（注９）　債権譲渡登記所からの問合せ先として、代理人の連絡先を記載します。

▶▶▶Q139

債権譲渡登記の登記事項証明書の交付請求手続と、証明書の内容について教えてください。

A　債権譲渡登記に関する証明書は以下の３種類があります（該当する記録がない旨の証明書（ないこと証明書）を請求することもできます）。

証明書の種類	請求先	主な記載事項	請求権者	商業登記簿について、譲渡人の商号・本店が変更された場合の記載内容(注2)
登記事項証明書	債権譲渡登記所（東京都中野区野方一丁目34番１号）	①譲渡人および譲受人の商号・本店等（自然人の場合は氏名・住所）、②登記原因およびその日付、③登記の存続期間、④登記番号、⑤登記年月日、⑥債権の総額、⑦債権を特定するために必要な期間	当事者利害関係人等のみ	変更しない（債権譲渡登記時の商号・本店のまま）
登記事項概要証明書	債権譲渡登記所	上の①から⑥までの事項（東京都中野区野方一丁目34番１号）	誰でも可	変更しない（債権譲渡登記時の商号・本店のまま）
概要記録事項証明書	最寄りの登記所または法務局証明サービスセンター(注1)	上の①、④、⑤、の事項	誰でも可	変更する

（注１）　概要記録事項証明書の内容については、指定法人が運営する登記情報提供サービスにより、インターネットを使用して確認することもできます（詳細は登記情報提供サービスのホームページをご覧ください）。

（注２）　概要記録事項証明書の記載事項は、商業登記簿の記録とリンクしているため、商業登記において譲渡人の商号や本店の変更がされた場合には、これに連動して変更されますが、登記事項証明書および登記事項概要証明書については変更されません。

登記事項証明書（債権譲渡）交付申請書　本人申請の場合

当事者指定検索用

登記事項証明書（債権譲渡）交付申請書

本人申請の場合

東京法務局　御中

平成　２３年　４月　１１日申請　注1

注2

申請人（代理人が請求される場合は，代理人の住所及び氏名を記載してください。）	住所	東京都千代田区九段南一丁目1番15号	押印欄
	フリガナ	カブシキカイシャエービーシーブッサン	実印
	氏名	株式会社ABC物産　代表取締役　乙川孝夫	
	☑ 当事者（譲渡人，譲受人又は債務者）□ 当事者の代理人（委任状が必要）□ その他		
代理申請の場合は，委任者の商号等			実印を押印（代理人の場合は認印で可）
証明書の交付を受けることができる資格	☑ 譲渡人　□ 譲渡人の破産管財人等　□ 譲受人※1　□ 譲受人の破産管財人等※2　□ 債務者 □ 譲渡人の使用人　□ 登記された債権の差押権者等　□ その他（　　　）		
添付書類	□ 委任状（代理人が請求するときに必要）☑ 印鑑証明書（発行から３か月以内のものが必要） ☑ 代表者の資格を証する書面（法人の場合は必要）□ 破産管財人等の選任を証する書面 □ 譲渡人又は譲受人の商号・本店等の変更を証する書面 □ 譲渡人の使用人であることを証する書面 □ 登記された債権を差し押さえたこと等を証する書面　□ その他（　　　）		
ファイル区分	☑ 閉鎖されていないファイル　□ 閉鎖されたファイル（全部抹消登記又は存続期間が満了した登記に係るファイル） ●**該当する記録がない場合，「記録がない旨の証明書」を請求しますか。→ ☑ 請求する。**		
証明書の交付形式	□ 一括証明（１個を超える通番に係る登記事項を一括して交付するもの）　☑ 個別事項証明（１個の通番ごとに交付するもの） ※　「一括証明」にチェックをした場合は，登記番号ごとに証明書が交付されます。 ※　一括証明においては，債権個別事項ファイルの備考欄に記録された事項のほか，一部の登記事項の記載が省略されます。	請求部数	各1　部

注4　注5　注6　注7　注8　注9

収入印紙欄

収入印紙

収入印紙

収入印紙は，割印をしないで，ここに貼ってください。

（登記印紙も使用可能）

注12

●　登記を特定するために必要な事項

注１：「登記を特定するために必要な事項」として，登記番号又は譲渡人のいずれかを必ず記載する必要があります。
　　　譲渡人を記載する場合は，「債権を特定するために必要な事項」の記載が必須です。
注２：申請人の資格が※１又は※２のときは，「登記を特定するために必要な事項」として，譲受人の記載が必須です。
注３：登記された債権の差押権者等が請求する場合は，「登記を特定するために必要な事項」のほか，「債権を特定するために必要な事項」の記載が必須です。

登記番号	第　　－　　号

譲渡人	フリガナ	コウオツショウジカブシキガイシャ
	商号等	甲乙商事株式会社
	本店等	東京都中央区銀座一丁目1番1号
	会社法人等番号	（任意）
譲受人	フリガナ	
	商号等	
	本店等	
	会社法人等番号	（任意）

注10

●　債権を特定するために必要な事項

注：債務者が登記されている場合には債務者に関する事項の記載が必須です。

□　**債務者不特定**

債務者（必須）	フリガナ	カブシキガイシャトウキョウホウム
	商号等	株式会社東京法務
	本店等	東京都中野区野方一丁目34番1号
	会社法人等番号	（任意）
原債権者	フリガナ	
	商号等	
	本店等	
	会社法人等番号	（任意）

注11

債権の種類	
債権の発生年月日の範囲	平成　年　月　日　～　平成　年　月　日
登記年月日の範囲	平成　年　月　日　～　平成　年　月　日

交付部数	手数料	交付方法
		□ 窓口交付 □ 郵送交付

◎郵送請求の場合には，返信用封筒（宛名を書いて，切手を貼ったもの）を同封し，下記の宛先に送付してください。
申請書送付先：〒165-8780　東京都中野区野方一丁目34番1号
東京法務局民事行政部　債権登録課

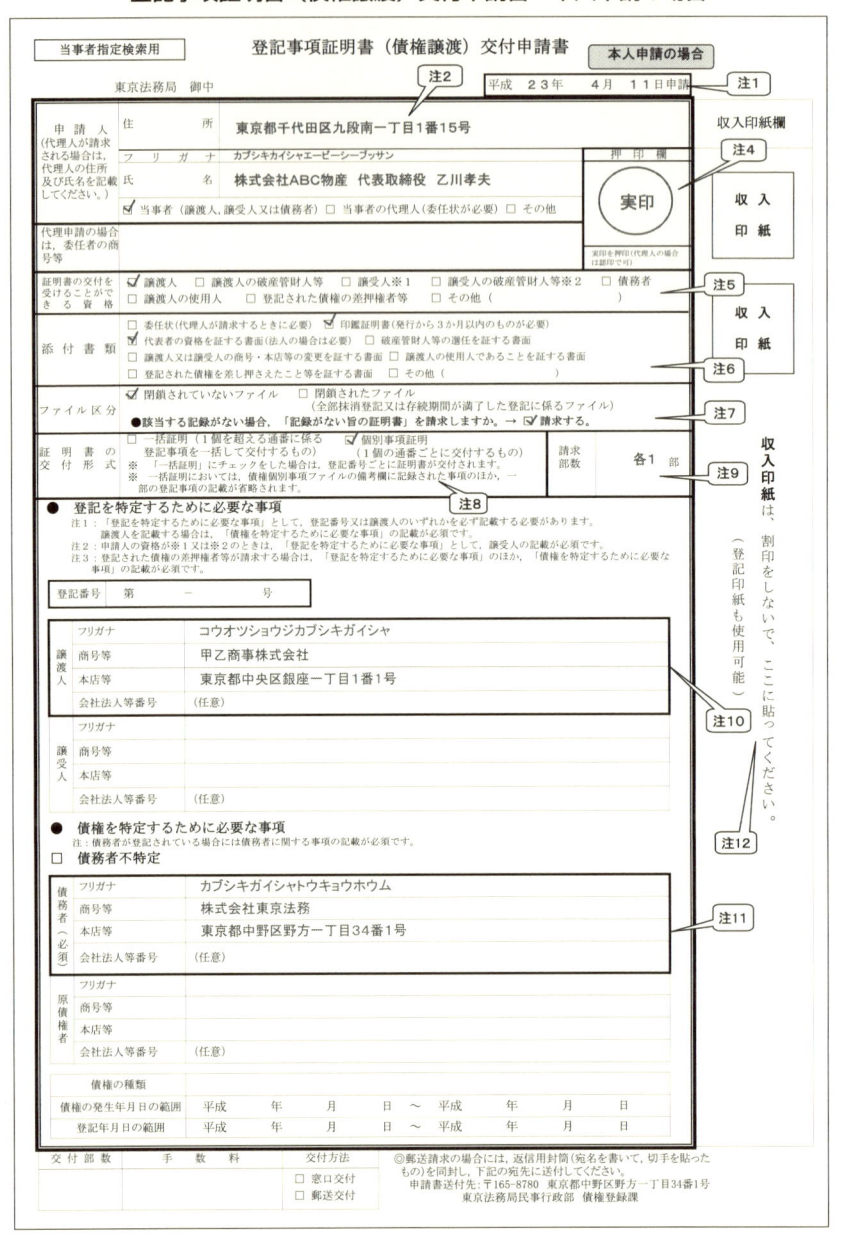

【登記事項証明申請書（当事者指定検索用）】記入上の注意事項

登記事項証明書は，譲渡に係る債権を特定するために必要な事項（債権個別事項）を含む全ての登記事項を証明するものです。

登記事項証明書は債務者の氏名・商号等といったプライバシー情報を含むことから，譲渡人，譲受人，譲渡に係る債権の債務者及び当該債権の譲渡につき利害関係を有する者等（証明書の交付を受けることができる資格参照）に限り請求することができます。

（注１）　交付請求書を提出する日を記載してください（郵送申請の場合は，発送日を記載してください。）。

（注２）　証明書の交付を請求される方の住所・氏名を記入してください。法人の場合は，本店（主たる事務所）・商号（名称）のほか，代表者の資格・氏名も記入してください。
ただし，代理人により交付を請求される場合は，代理人の住所・氏名を記入してください。

（注３）　代理人により交付を請求される場合は，申請人本人の氏名（法人の場合は商号（名称））を記入してください。

（注４）　印鑑は，証明書の交付を請求される方の実印（法人の場合は登記所に登録済みの印鑑，個人の場合は市区町村に登録済みの印鑑）を鮮明に押印してください。
ただし，代理人により交付を請求される場合は，代理人の印（認印で可）を押印してください（申請人本人の実印は，委任状に鮮明に押印してください。）。

（注５）　証明書の交付を請求される方の資格の区分に応じてチェックしてください。

（注６）　登記事項証明書の交付を請求するには，印鑑証明書及び代表者の資格を証する書面（法人の場合）のほか，請求をされる方の資格の区分等に応じた添付書類が必要です。
なお，これらの添付書類は，登記申請と同時に登記事項証明書の交付を請求する場合であっても，登記申請書に添付したものとは別に添付する必要があります。

印鑑証明書………必ず必要な書面で，申請人が法人の場合は登記所発行，個人の場合は市区町村発行のものを添付します。有効期限につき，発行日から３か月以内のものに限られますので，特に留意願います。

代表者の資格を証する書面…申請人が法人の場合は必要になります。なお，有効期限の定めはありません。

変更証明書………債権譲渡登記の譲渡人の商号（名称）又は本店（主たる事務所），譲受人の商号（名称）又は本店（主たる事務所）（個人の場合は氏名又は住所）が債権譲渡登記ファイル上の表示と異なっている場合は，変更の事実がわかる証明書（法人の場合は履歴事項証明書，閉鎖事項証明書又は閉鎖登記簿謄本，個人の場合は住民票，戸籍の附票等）が必要になります。
なお，有効期限の定めはありません。

（注７）　ファイル区分の指定に基づき，以下のとおり，債権譲渡登記所に存在するファイルを検索します。次の認証文が付記された証明書が交付されます。

① 「□閉鎖されていないファイル」を指定した場合
閉鎖されていないファイルを検索し，検索条件にヒットするファイルが存在する場合に証明書を発行します。
認証文は，「上記のとおり債権譲渡登記ファイル（除く閉鎖分）に記録されていることを証明する。」となります。

① 「□閉鎖されていないファイル」及び「「記録がない旨の証明書」を請求する。」を指定した場合
閉鎖されていないファイルを検索し，検索条件にヒットするファイルが存在しない場合に証明書を発行します（いわゆる「ないこと証明書」）。
認証文は，「上記のとおり債権譲渡登記ファイル（除く閉鎖分）に記録されていないことを証明する。」となります。

② 「□閉鎖されたファイル」を指定した場合
閉鎖されたファイル（全部抹消登記又は存続期間が満了した登記に係るファイル）を検索し，検索条件にヒットするファイルが存在する場合に証明書を発行します。
認証文は，「上記のとおり閉鎖登記ファイルに記録されていることを証明する。」となります。

③ 「□閉鎖されたファイル」及び「「記録がない旨の証明書」を請求する。」を指定した場合
閉鎖されたファイル（全部抹消登記又は存続期間が満了した登記に係るファイル）を検索し，検索条件にヒットするファイルが存在しない場合に証明書を発行します（いわゆる「ないこと証明書」）。
認証文は，「上記のとおり閉鎖登記ファイルに記録されていないことを証明する。」となります。

（注８）　請求する証明書の交付形式をチェックしてください。
「個別事項証明」を選択した場合は，債権通番ごとに証明書が発行されるので，同一登記番号中に複数の債権通番があるときは，その債権通番の個数分の証明書が発行されます。
「一括証明」を選択した場合は，登記番号ごとに証明書が交付されます。一括証明においては，債権個別事項の備考欄に記録された事項のほか，契約年月日，弁済期の定め，外貨建債権の表示の記載及び原債権者・債務者の取扱店が省略されます。また，原債権者及び債務者が複数存在する場合には１名のみが表示されます。
登記手数料の計算方法については（注12）を参照願います。

（注９）　「一括証明」を選択した場合，請求部数として記入した数だけ証明書が発行されます。「個別事項証明」を選択した場合は，「請求部数」として「各○部」と記入してください。「個別事項証明」を選択した場合，たとえば債権通番が２個ある債権譲渡登記について請求部数を「各２部」と記載すると，合計４通をお渡しすることになります。

（注10）　登記を特定するために必要な事項を記入します。
債権譲渡登記後に譲渡人の商号等に変更があった場合，変更後の商号等を検索条件として検索しても，変更前の商号等でなされた登記事項はヒットしませんのでご注意ください。

（注11）　債権を特定するために必要な事項を記入します。
債権譲渡登記後に債務者の商号等に変更があった場合，変更後の商号等を検索条件として検索しても，変更前の商号等でなされた登記事項はヒットしませんのでご注意ください。

（注12）　登記事項証明書の交付（窓口申請・送付による申請）についての手数料は，譲渡に係る債権の個数により，次の手数料になります。

①　一括証明（１個を超える通番に係る登記事項を一括して交付するもの）
　１通につき　　５００円に債権通番の個数が１個を超える場合，その超える個数１個ごとに２００円を加算した額

＜登記番号が同一の場合＞
例：債権２個の場合　５００＋（２００×１）＝　　７００円
　　債権５個の場合　５００＋（２００×４）＝１，３００円

＜登記番号が異なる場合＞
例：債権６個の場合
　登記番号２０１０－○○○で債権３個
　　５００＋（２００×２）＝　９００円
　登記番号２００９－△△△で債権２個
　　５００＋　２００　　　＝　７００円
　登記番号２００８－□□□で債権１個
　　５００　　　　　　　　＝　５００円
　　　　　　　（合　計）＝　２，１００円

②　個別事項証明（１個の通番ごとに交付するもの）
　１通につき　５００円

登記事項証明書（個別）

登　記　事　項　証　明　書

概　要　事　項

【登記の目的】：債権譲渡登記
【譲渡人】
　　【本店等】：東京都千代田区九段南一丁目××番××号
　　【商号等】：甲乙産業株式会社
　　【会社法人等番号】：○○○○01○○○○○○
　　【取扱店】：－
　　【日本における営業所等】：－
【譲受人】
　　【本店等】：東京都中野区野方一丁目××番××号
　　【商号等】：丙丁ファイナンス株式会社
　　【会社法人等番号】：○○○○01○○○○○○
　　【取扱店】：－
　　【日本における営業所等】：－
【登記原因日付】：平成26年４月19日
【登記原因（契約の名称）】：売買
【債権の総額】：100,000,000円
【被担保債権額】：－
【登記の存続期間の満了年月日】：平成33年４月18日
【備考】：－
【申請区分】：出頭
【登記番号】：第2014－10000号
【登記年月日時】：平成26年４月22日　10時10分

（1／2）［証明番号］20150001234（1／1）

登　記　事　項　証　明　書

債権個別事項

【債権通番】：000001　【債権の管理番号】：－
【原債権者】
　　【本店等】：東京都千代田区九段南一丁目××番××号
　　【商号等】：甲乙産業株式会社
　　【会社法人等番号】：○○○○01○○○○○○
　　【取扱店】：－
【債務者】
　　【本店等】：東京都中野区野方一丁目××番××号
　　【商号等】：債権一郎
　　【会社法人等番号】：－
　　【取扱店】：－
【債権の種類】：売掛債権
【契約年月日】：平成26年3月19日
【債権の発生年月日（始期）】：平成26年3月19日
【債権の発生年月日（終期）】：平成26年3月19日
【債権の発生原因】：－
【発生時債権額】：50,000,000円
【譲渡時債権額】：50,000,000円
【弁済期】：－
【外貨建債権の表示】：－
【備考】：－

一部抹消事項

【登記番号】：－
【登記年月日時】：－
【登記原因日付】：－
【登記原因（契約の名称）】：－

【検索の対象となった記録】平成27年4月23日現在
上記のとおり債権譲渡登記ファイル（除く閉鎖分）に記録されていることを証明する。

　　平成27年4月24日
　　　　東京法務局　登記官　　　法　務　太　郎　印
（注）この証明書は、債権の存否を証明するものではありません。

（2／2）［証明番号］20150001234（1／1）

（以上、法務省民事局発行の『債権譲渡登記制度のご案内』から一部抜粋）

3　動産譲渡登記

▶▶▶Q140

動産譲渡登記制度の趣旨と登記の効力について教えてください。

A　動産譲渡登記制度は、法人が保有する在庫商品、機械設備、家畜等の動産登記をすることにより、動産の譲渡について引渡し（民法178条）があったものとみなされ、第三者対抗要件が具備されます。

同一の動産について二重譲渡がされた場合の譲受人相互間の優劣は、登記の先後または登記と民法178条の引渡しの先後によって決定されます。

登記の対象は法人が行う動産の譲渡に限定されていますが、譲渡の目的（担保目的の譲渡または真正譲渡）については、制限はありません。

なお、動産譲渡登記は、過去にあった動産の譲渡の事実を公示することを目的とするものであって、当該動産の存在や所有権の帰属を公示するものではありません。

この制度を活用した金融機関等からの資金調達の円滑化を図るため、平成17年10月３日から運用が開始されたものです。

動産譲渡登記制度の概要

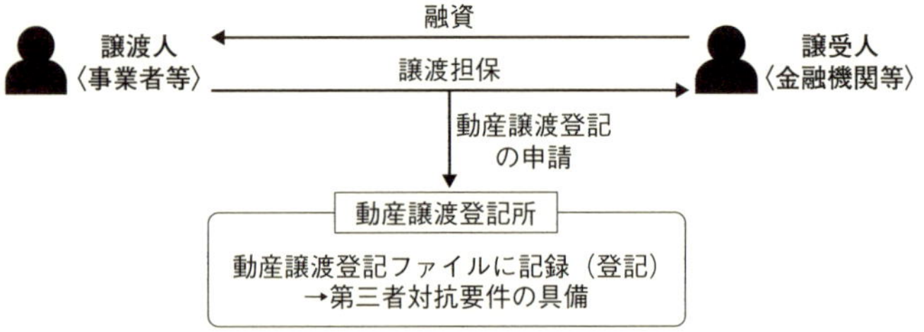

※　登記により、譲受人（金融機関等）が譲渡担保権者であることを第三者に対抗できるようになるため、仮に譲渡人（事業者等）が当該動産を第三者に譲渡しても、譲受人は自己の権利を主張しやすくなります。

▶▶▶Q141

登記申請の方法について教えてください。

A　①書面方式、②事前提供方式、③オンライン方式のいずれかの方式により、動産譲渡登記所（東京法務局民事行政部動産登録課）に申請をします（具体的な申請方法は、債権譲渡登記と同様です。Q138参照）。

登記申請書の記載例（代理申請）

登　記　申　請　書

登記の目的　　動産譲渡登記（注1）

添付書面　　資格証明書　印鑑証明書　代理権限証書（注2）（注3）

登録免許税　　7,500円（注4）

上記のとおり、申請します。

平成26年6月2日　東京法務局　御中（注5）

申　請　人

譲渡人　　東京都中央区銀座一丁目1番1号
　　　　　甲乙商事株式会社（注6）

譲受人　　東京都千代田区九段南一丁目1番15号
　　　　　株式会社 ABC ファイナンス（注7）

譲渡人及び譲受人代理人
　　　　　東京都中央区日本橋三丁目3番3号
　　　　　　　　代　理　二　郎　㊞（注8）
　　　　　（連絡先：03－3003－××××）（注9）

（注1）　登記の目的として、「動産譲渡登記」と記載します。

（注2）　登記申請書には、次に掲げる書面を添付します。

・譲渡人である法人の代表者の資格証明書及び印鑑証明書…発行から3か月以内のものに限ります。

・譲受人が法人である場合には、代表者の資格証明書…発行から3か月以内のものに限ります。

・譲受人の住所証明書（住民票の写し等。譲受人が法人である場合には、代表者の資格証明書をもって兼ねることができます。）

・代理人の権限を証する書面（委任状。支配人が代理人となる場合には、支配人の登記がされている現在事項証明書等（発行から3か月以内のもの）でも差し支えありません。）

・特別事由証明書…登記の存続期間が登記の日から10年を超える場合には、10年を超えて存続期間を定めるべき特別の事由があることを証する書面も添付する必要があります。

なお、添付書面については、同時に数個の申請をする場合に、各登記申請書の添付書面に同一内容のものがあるときは、１通の原本を添付することで足ります。ただし、他の登記申請書には、原本の写しに相違ない旨を記載した謄本を添付する必要があります。

（注３）　添付書面の表示は、書面の内容で分別して概括的に記載すれば足り、その通数を記載する必要はありません。

（注４）　１件につき、7,500円となります（租税特別措置法により軽減された額です）。

（注５）　登記申請書を提出する日を記載します。

送付による申請の場合には、登記申請書を発送する日を記載します。ただし、登記年月日は、動産譲渡登記所が登記申請書を受け取った日の翌執務日となります。

（注６）　譲渡人の表示として、譲渡人の本店（主たる事務所）及び商号（名称）を記載します。この記載は、（注２）の資格証明書等の記載と合致している必要があります。

（注７）　譲受人の表示として、譲受人の住所及び氏名（法人にあっては、本店（主たる事務所）及び商号（名称））を記載します。この記載は、（注２）の住所証明書（資格証明書）の記載と合致している必要があります。

（注８）　代理人の住所及び氏名を記載し、押印します。この記載は、（注２）の代理権限証書の代理人の表示と合致している必要があります。

押印する際は、他の文字にかからないように鮮明に押印してください。

（注９）　動産譲渡登記所からの問合せ先として、代理人の連絡先を記載します。

▸▸▸Q142

動産譲渡登記を利用するメリットは、どのようなものですか。

A　動産譲渡の対抗要件は、動産の引渡し（民法178条）によっても備えることができますが、譲渡人に目的動産の利用を認める譲渡担保の場合には、占有改定の方法により引渡しをすることにならざるを得ません。しかしながら、この占有改定は、第三者からみて外形上その存在が判然としないため、後日、動産を取得する者が現れて、占有改定の有無、先後をめぐって紛争を生じるおそれがあります。

国の公示制度である動産譲渡登記を利用して対抗要件を具備することにより、こうした紛争を未然に防止することができるほか、仮に紛争になった場合でも、対抗要件を具備していることの立証が容易になると考えられます。

▶▶▶Q143

動産譲渡登記の存続期間は、原則10年とされ、「特別の事由」がある場合には、10年を超えることができるとされていますが、「特別な事由」がある場合とは、どのような場合ですか。

A 動産譲渡登記の存続期間については、実務上、動産の譲渡担保契約が５年から10年までの範囲内で見直しが行われることが一般的であることなどを考慮し、原則として10年を超えることができないと規定されています。

しかし、譲渡担保契約にかかる被担保債権の償還期間について10年を超える定めをする場合など、取引によっては、動産譲渡登記について10年を超える存続期間を定めることが必要な場合があり得ます。このような場合には、「特別の事由」があるものとして、10年を超えて存続期間を設定することができます。

10年を超える存続期間を定めるには、「特別の事由があることを証する書面」として、譲渡担保契約書等の添付が必要となります。ただし、譲渡担保契約書と金銭消費貸借契約書が別個に作成されており、譲渡担保契約書に被担保債権の償還期間が明記されていない場合には、当該金銭消費貸借契約書の提出も必要となります。

※ 被担保債権の償還期間に関係なく、単に、債権保全のため、当事者間で法定の存続期間を超える合意をした場合は「特別の事由」には当たりません。

▶▶▶Q144

動産譲渡証明書の交付請求手続と、証明書の内容について教えてください。

A 証明書の交付は、①書面による請求（窓口への提出または送付）、②オンライン請求（かんたん証明書請求）、③オンライン請求（申請用総合ソフト）のいずれかの方法により請求することができます。

ここでは、書面による請求手続について説明します。

必要事項を記入した所定の申請書を窓口に提出するか郵送等により送付することにより提出します。登記事項証明書または登記事項概要証明書を請求する場合は動産譲渡登記所に、概要記録事項証明書を請求する場合は最寄りの商業登記所、不動産登記所または法務局証明サービスセンターに提出します。

申請書には、手数料分の収入印紙（登記印紙も使用できます）を貼付します。

申請書は、各登記所に備え付けられているほか、法務省ホームページにも掲載されています。

登記事項証明書（動産譲渡）交付申請書　本人申請の場合

当事者指定検索用

登記事項証明書（動産譲渡）交付申請書

本人申請の場合

東京法務局　御中　（注2）

平成　28年　11月　11日申請　（注1）

窓口に来られた人・申請人		
※法人が請求する場合は，氏名欄に代表者の資格・氏名も記載してください。（注4）	☑ 本人 □ 代理人 ──→ 委任者の商号等（ ※ 代理人が請求するときは，下欄に代理人の住所・氏名を記載してください。また，委任状が必要です。	（注3）
	証明書の交付を受けることができる資格	☑ 譲渡人　□ 譲渡人の使用人　□ 譲受人 □ 登記された動産の差押債権者等　□ その他
	住所	東京都中央区銀座一丁目1番1号
	フリガナ	コウオツショウジカブシキガイシャ
	氏名	甲乙商事株式会社　代表取締役　赤川孝夫

押印欄：実印（注5）
実印を押印（代理人の場合は認印で可）

収入印紙欄
収入印紙
収入印紙

添付書類（注6）	□ 委任状（代理人が請求するときに必要）　☑ 印鑑証明書（発行から３か月以内のものが必要） ☑ 代表者の資格を証する書面（法人の場合は必要）　□ 破産管財人等の選任を証する書面 □ 譲渡人又は譲受人の商号・本店等の変更を証する書面 □ 譲渡人の使用人であることを証する書面 □ 登記された動産を差し押さえたこと等を証する書面　□ その他（　　）
ファイル区分（注7）	☑ 閉鎖されていないファイル　（現在効力を有するファイル） □ 閉鎖されたファイル　（全部抹消登記又は存続期間が満了した登記に係るファイル） ● **該当する記録がない場合，「記録がない旨の証明書」を請求しますか。** → ☑ **請求する**　□ **請求しない**
証明書の交付形式（注8）	☑ 個別事項証明　（１個の動産ごとに交付するもの） □ 一括証明　（２個以上の動産に係る登記事項を一括して交付するもの） ※ **一括証明は，証明書に記載される債権の個数が２個以上の場合に限り交付されます。** 請求部数　各1部（注9）

●登記を特定するために必要な事項　**（登記番号又は譲渡人のいずれかを必ず記載してください。）**

※　登記番号を記載したときは，譲渡人及び譲受人を記載する必要はありません。
　　登記番号を記載しないときは，譲渡人の記載が必要です。ただし，申請人の資格が譲受人のときは，譲受人の記載も必要です。
※　登記された動産の差押債権者等が請求する場合は，「動産を特定するために必要な事項」の記載が必要です。

登記番号	第　　－　　号

譲渡人	フリガナ	コウオツショウジカブシキカイシャ
	商号等	甲乙商事株式会社
	本店等	東京都中央区銀座一丁目1番1号
	会社法人等番号	（任意）
譲受人	フリガナ	
	商号等	
	本店等	
	会社法人等番号	（任意）
登記年月日の範囲		（任意）平成　年　月　日　～　平成　年　月　日

（注10）

●動産を特定するために必要な事項

※　個別動産か集合動産を選択し，個別動産の場合は「動産の種類」及び「動産の特質」を，集合動産の場合は「動産の種類」及び「保管場所の所在地」を必ず記載してください。

個別動産	動産の種類	（必須）　油圧プレス機
	動産の特質	（必須）　製造番号：aa990399
	その他の有益事項	（任意）
集合動産	動産の種類	（必須）
	保管場所の所在地	（必須）
	その他の有益事項	（任意）

（注11）

収入印紙は，割印をしないで，ここに貼ってください。
（登記印紙も使用可能）
（注12）

交付部数	手数料	交付方法
		□ 窓口交付 □ 郵送交付

◎　郵送請求の場合には，返信用封筒（宛名を書いて，切手を貼ったもの）を同封し，下記の宛先に送付してください。
【申請書送付先】〒165-8780　東京都中野区野方一丁目34番1号
東京法務局民事行政部　動産登録課

【登記事項証明書交付申請書（当事者指定検索用）】
記入上の注意事項<動産譲渡登記>

登記事項証明書は，譲渡に係る動産を特定するために必要な事項（動産個別事項）を含む全ての登記事項を証明するものです。

登記事項証明書は動産の種類，保管場所の所在地等，譲渡人の営業秘密や事業戦略に関する情報を含むことから，譲渡人，譲受人及び当該動産の譲渡につき利害関係を有する者等に限り請求することができます。

（注１）　交付申請書を提出する日を記載してください（郵送申請の場合は，発送日を記載してください。）。

（注２）　本人申請・代理申請の別に応じて，「□本人」又は「□代理人」をチェックしてください。
代理申請の場合は，委任者の商号等も記載してください。

（注３）　証明書の交付を請求する方の資格の区分に応じてチェックしてください。
譲渡人の破産管財人が請求する場合は，「□譲渡人」にチェックしてください。

（注４）　証明書の交付を請求する方の住所・氏名を記載してください。代理申請の場合は，代理人の住所・氏名を記載してください。
法人が請求する場合は，本店（主たる事務所）・商号（名称）のほか，氏名欄に代表者の資格・氏名も記入してください。

（注５）　印鑑は，証明書の交付を請求する方の実印（法人の場合は登記所に登録済みの印鑑，個人の場合は市区町村に登録済みの印鑑）を鮮明に押印してください。
ただし，代理申請の場合は，代理人の印（認印で可）を押印してください（申請人本人の実印は，委任状に鮮明に押印してください。）。

（注６）　交付申請書に添付する書類をチェックしてください。
登記事項証明書の交付を請求するには，印鑑証明書及び代表者の資格を証する書面（法人の場合）のほか，請求をする方の資格の区分等に応じた添付書類が必要です。
なお，これらの添付書類は，動産譲渡登記申請の完了と同時に当該譲渡登記に係る登記事項証明書の交付を請求する場合（いわゆる「同時申請」の場合）であっても，登記申請書に添付したものとは別に添付する必要があります。

・印鑑証明書
→　必ず必要な書面で，申請人が法人の場合は登記所発行のもの，個人の場合は市区町村発行のものを添付します。有効期限につき，発行日から３か月以内のものに限られますので，特に留意願います。

・代表者の資格を証する書面
→　申請人が法人の場合は必要になります。有効期限の定めはありません。

・変更証明書
→　動産譲渡登記の譲渡人の商号（名称）又は本店（主たる事務所），譲受人の商号（名称）又は本店（主たる事務所）（個人の場合は氏名又は住所）が動産譲渡登記ファイル上の表示と異なっている場合は，変更の事実が分かる証明書（法人の場合は履歴事項証明書又は登記簿謄本，個人の場合は住民票の写し等）が必要になります。有効期限の定めはありません。

（注７）　請求する証明書のファイル区分をチェックしてください。

チェックしたファイル区分によって，以下のとおり，動産譲渡登記所に存在するファイルを検索し，次の証明文が付記された証明書が交付されます。

①　「□閉鎖されていないファイル」をチェックし，「記録がない旨の証明書」につき「□請求しない」をチェックした場合

閉鎖されていないファイル（現在効力を有するファイル）を検索し，検索条件に該当するファイルが存在する場合に証明書を交付します。

証明文は，「上記のとおり動産譲渡登記ファイル（除く閉鎖分）に記録されていることを証明する。」となります。

なお，検索条件に該当するファイルが存在しない場合は，証明書は交付しません。

②　「□閉鎖されていないファイル」をチェックし，「記録がない旨の証明書」につき「□請求する」をチェックした場合

閉鎖されていないファイル（現在効力を有するファイル）を検索し，検索条件に該当するファイルが存在する場合は，上記①の証明書を交付し，検索条件に該当するファイルが存在しない場合には，その旨の証明書（いわゆる「ないこと証明書」）を交付します。

この「ないこと証明書」の証明文は，「上記のとおり動産譲渡登記ファイル（除く閉鎖分）に記録されていないことを証明する。」となります。

③　「□閉鎖されたファイル」をチェックし，「記録がない旨の証明書」につき「□請求しない」をチェックした場合

閉鎖されたファイル（全部抹消登記又は存続期間が満了した登記に係るファイル）を検索し，検索条件に該当するファイルが存在する場合に証明書を交付します。

証明文は，「上記のとおり閉鎖登記ファイルに記録されていることを証明する。」となります。

なお，検索条件に該当するファイルが存在しない場合は，証明書は交付しません。

④　「□閉鎖されたファイル」を指定し，「記録がない旨の証明書」につき「□請求する」を指定した場合

閉鎖されたファイル（全部抹消登記又は存続期間が満了した登記に係るファイル）を検索し，検索条件に該当するファイルが存在する場合は，上記③の証明書を交付し，検索条件に該当するファイルが存在しない場合には，その旨の証明書（いわゆる「ないこと証明書」）を交付します。

この「ないこと証明書」の証明文は，「上記のとおり閉鎖登記ファイルに記録されていないことを証明する。」となります。

（注８）　請求する証明書の交付形式をチェックしてください。

登記事項証明書の交付形式には，同一の登記番号中に該当する動産が２個以上ある場合について，２個以上の動産に係る登記事項を一括して証明するもの（一括証明）と，それぞれの登記事項を個別に証明するもの（個別事項証明）の２種類があります。

「個別事項証明」をチェックした場合は，動産通番ごとに証明書が作成されるので，同一登記番号中に複数の動産通番があるときは，その動産通番の個数分の証明書が作成されます。

「一括証明」をチェックした場合は，同一の登記番号ごとに証明書が作成されます（複数の登記番号にわたる動産を一括して１通の証明書に記載して作成することはできません。）。

なお，「一括証明」は，①登記事項証明書に記載される動産が１個の場合及び②交付する登記事項証明書が「ないこと証明書」である場合には交付されません（この場合は，「個別事項証明」のみ交付されます。）。

手数料の計算方法については，（注12）を参照願います。

（注９）　証明書の請求部数を記載してください。

「一括証明」を選択した場合，請求部数として記載した数だけ証明書が交付されます。「個別事項証明」を選択した場合は，「請求部数」として「各○部」と記載してください。「個別事項証明」を選択した場合，たとえば動産通番が２個ある動産譲渡登記について請求部数を「各２部」と記載すると，合計４通を交付することになります。

（注10）　登記を特定するために必要な事項を交付申請書の注意書きに留意して記載してください。

（注11）　動産を特定するために必要な事項を交付申請書の注意書きに留意して記載してください。

（注12）　登記事項証明書の交付（オンライン申請を除く）についての手数料は，譲渡に係る動産の個数により，次の手数料になります。

①　個別事項証明（１個の通番ごとに交付するもの）
　動産１個につき　８００円
　なお，「ないこと証明書」の場合も，１通８００円となります。

②　一括証明（同一登記番号中の２個以上の動産に係る登記事項を一括して交付するもの）
　８００円＋動産の個数が１個を超えるごとにその超える個数に３００円を乗じた額
　【例】動産２個の場合　８００＋（３００×１）＝１，１００円
　　　　動産５個の場合　８００＋（３００×４）＝２，０００円

登記事項証明書（個別）

登　記　事　項　証　明　書

概　要　事　項

【登記の目的】：動産譲渡登記
【譲渡人】
　【本店等】：東京都中野区野方一丁目34番１号
　【商号等】：動産商事株式会社
　【会社法人等番号】：○○○○01○○○○○○
　【取扱店】：中野本店
　【日本における営業所等】：－
【譲受人】
　【本店等】：東京都千代田区九段南一丁目１番15号
　【商号等】：東京法務株式会社
　【会社法人等番号】：○○○○01○○○○○○
　【取扱店】：九段支店
　【日本における営業所等】：－
【登記原因日付】：平成26年４月19日
【登記原因（契約の名称）】：譲渡担保
【登記の存続期間の満了年月日】：平成33年４月18日
【備考】：－
【申請区分】：出頭
【登記番号】：第2014－1000号
【登記年月日時】：平成26年４月22日10時５分

（１／２）［証明番号］20150000123（１／１）

登　記　事　項　証　明　書

【動産通番】：0001	動産個別事項
【種類】：油圧式プレス機 【特質・所在】：製造番号：2013ABC0001 【動産区分】：個別動産 【備考】 動産の名称：スーパープレスター、型式：TW-25、製造社名：動産精機株式会社、保管場所の所在地：東京都中野区野方一丁目34番１号、保管場所の名称：動産商事株式会社本社工場	

【登記番号】：－	一部抹消事項
【登記年月日時】：－ 【登記原因日付】：－ 【登記原因（契約の名称）】：－	

【検索の対象となった記録】平成27年４月23日現在

上記のとおり動産譲渡登記ファイル（除く閉鎖分）に記録されていることを証明する。

平成27年４月23日

東京法務局　登記官　　　　　　　○　○　　○　○　印

注１　この証明書は、動産の存否を証明するものではありません。

２　動産の所在によって特定する場合には、保管場所にある同種類の動産の全て（備考で更に特定されている場合には、その動産の全て）が譲渡の対象であることを示しています。

３　【特質・所在】の項目には、個別動産の場合には動産の特質が、集合動産の場合には動産の所在が記載されます。

（２／２）［証明番号］20150000123（１／１）

（以上、法務省民事局発行の『動産譲渡登記制度のご案内』から一部抜粋）

索　引

た

な

は

ま

や

ら

わ

【著者略歴】
山本 芳治（やまもと　よしじ）
1958年、信州大学卒業。1993年、芝信用金庫に35年間勤務の後定年退職。
現在、登記と金融実務研究会代表・不動産コンサルタント。金融法学会会員。
著書に「公図・不動産登記簿の読み方・調べ方」、「登記簿の見方・調べ方コース（通信講座）」（以上、ビジネス教育出版社）、「マイナンバー法人番号と会社・法人登記簿の見方」、「危ない会社の見分け方・調べ方」（監修）、「商業登記簿等の読み方・調べ方」（初版・増補改訂版）（以上、ビジネス教育出版社発売）、「取引事故防止対策と債権回収」（共著・プレーン刊）がある。

これだけは知っておきたい、今さら人に聞けない
Q&A 登記手続と登記簿等の見方

2018年10月29日　初版第１刷発行

著　者　山本芳治
発行者　山本芳治
発行所　ア ズ ミ
〒222-0023 横浜市港北区仲手原２-28-15
発売所　ビジネス教育出版社
〒102-0074 東京都千代田区九段南４-７-13
TEL03-3221-5361　FAX03-3222-7878
印刷・製本　亜細亜印刷

ISBN978-4-8283-0735-0 C2030